# 下り坂をそろそろと下る

平田オリザ

JN229376

講談社現代新書

2363

# 序章　下り坂をそろそろと下る

## 小さな国

まことに小さな国が、衰退期をむかえようとしている。

その列島のなかの一つの島が四国であり、四国は、讃岐、阿波、土佐、伊予にわかれている。讃岐の首邑《しゅゆう》は高松。

と、これは、読者諸氏がよくご存じの『坂の上の雲』の冒頭の、出来の悪い贋作である。実際の司馬遼太郎さんの小説は、「まことに小さな国が、開化期をむかえようとしている」という印象的な一文で始まる。舞台はもちろん讃岐ではなく、正岡子規と秋山好古・真之兄弟を生んだ伊予、松山。ではなぜここで讃岐なのかという話は、のちのち書いていく。

さてこれから私は、明治近代の成立と、戦後復興・高度経済成長という二つの大きな坂を、二つながらに見事に登り切った私たち日本人が、では、その急坂を、どうやってそろりそろりと下っていけばいいのかを、旅の日記のように記しながら考えていければと思っている。もちろん世の中には、「いやいや、この国はもう一度、さらに大きな坂を登るのだ、登ることが出来るのだ」と考えている人も多くいることは承知している。あるいは、「いや、もともと私たちは、そんなに立派に坂を登り切ったわけではない。他国に迷惑をかけ自国だけが経済的繁栄をむさぼったに過ぎない」と考える人がいることも承知している。

前者から後者を見れば「自虐史観」となり、逆の立場に立てば、「新自由主義《ネオリベ》の夢想」ということになるのだろうか。こういったこと、こういった断絶の起源と、その解決策についても、ゆっくりと考えていきたい。

さらに、先に私は、「私たち日本人が」と書いたが、その急坂を登っていた頃の日本人と、いまの日本列島に住む若者たちは、もはや同じではあり得ないのだという考えもあるかもしれない。私はそうも思っていないが、かつての輝かしい（と見える）日本人と、いまの日本の若者たちの、ちょうど中間に立つ私たちの世代は、「いやいや、そうは変わっていませんよ」とか、あるいは、「問題の本質には連続性がありますよ」というようなことを語れる数少ない立場かもしれない。

もう一点、司馬さんは「まことに小さな国が」と書いた。しかし、日本は、もはや日露戦争開戦時と同じような「小さな国」ではない。司馬さんが繰り返しお書きになったように、日本は一個の文明を生み出せるほどの「大国」ではないが、しかし、ロシアを敵に回して必死の闘いを行い、それで世界から同情と賞賛を得られる（得られた）ほどの小国でも、もはやない。

このたびの下り坂のおり方に多少なりとも注意が必要なのは、もはや日本は、自分勝手に坂を転げ落ちることさえも許されない立場にあるという点だろう。とりあえず、そういったことどもも考え合わせながら、そろりそろりと、この長い坂を下る方法を見つけていければと願っている。

## スキー人口はなぜ減ったか

私が生業とする演劇は、そこに行って、やって見せなければ何も始まらないというやっかいで古くさい芸術なので、国内外を巡る旅がもう二〇年以上も続いている。他に、私の大学での専門であるコミュニケーション教育および文化政策についての実践（ワークショップ）や講演依頼も少なからずあって、様々な土地を訪れることが出来るのは、元来、旅好きの私には、ありがたい人生になっている。

そこに加えて、ここ一、二年、「地方創生や少子化問題について何か喋ってくれ」という依頼が増えた。とにかく、「何かアイデアはありませんか？」と言うのだ。劇作家に人口減少対策について尋ねるようでは、この国もいよいよ危ないのではないかと思うのだが、政府は各自治体に「何かアイデアを出せ、出せば金は付けるぞ」という態度なので、自治体側としても切羽詰まって必死なのだろう。

私は、そこで、たとえば次のような喩え話をする。

スキー人口の減少というのは、みな、よく聞く話である。

実際にどれくらい減ったかというと、この二〇年で、一七七〇万人（一九九三年）から五六〇万人（二〇一二年）と、スキーをやる人は三分の一以下になった。この間、スノーボード人口が三〇万人から二三〇万人に増えているのだが、この二つを足しても、一八〇〇万人から七九〇万人と半分以下になっている。激減と言えよう。

理由はいくつか考えられる。

趣味の多様化。特にインターネットやスマホなどの登場で、安上がりで身近な娯楽が増えたこと。それと関連するのだろうが、海水浴客なども減っているので、全体的なインドア指向も指摘されている。もちろん、若年層の貧困化の問題も大きい。可処分所得が減っているのだ。

しかし何より大きく直接的な要因は、少子化、若者人口の減少だろう。観光学者も行政の担当者も口を揃えて、スキー人口の減少の最大の原因を少子化に求める。そしてそれは、間違いではない。

では、若者人口はどれくらい減っているのだろうか。一九九三年の時点での若者人口（二九歳以下の人口）は約四八四〇万人。そして二〇一二年のそれは約三五九一万人。一〇〇〇万人以上も減っている。これはたしかに、たいへんな減少だ。

だがしかし、減っている率としては二割五分程度だ。スキー人口の激減と比べると、そこまでの数字ではない。この差は、どこから来るのだろう。

もちろん、その答えは分からない。分からないが、私は以下のように答えることにしている。

「日本中の観光学者たちが口を揃えて、『少子化だからスキー人口が減った』と言う。しかし、劇作家はそうは考えない。『スキー人口が減ったから少子化になったのだ』」

かつて二〇代男子にとって、スキーは、女性を一泊旅行に誘える最も有効で健全な手段だった。それが減ったら、少子化になるに決まっている。当たり前のことだ。

もちろんスキーは、ひとつの喩えに過ぎない。だが、ここにはある種の本質的な問題が隠れていると私は思う。

街中に、映画館もジャズ喫茶もライブハウスも古本屋もなくし、のっぺりとしたつまらない街、男女の出会いのない街を創っておいて、行政が慣れない婚活パーティーなどをやっている。本末転倒ではないか。

繰り返す。若者人口が減ったからスキー人口が減ったのではない。スキー人口が減ったから人口減少が起こったのだ。

この暴論については、本文で詳しく述べるが、もう一点だけ、要点を先に記しておく。

大学の教員を一五年やっていて、「地方には雇用がないから帰らない」という学生には、ほとんど会ったことがない。彼らは口を揃えて、「地方はつまらない。だから帰らない」と言う。そうならば、つまらなくない街を創ればいい。あるいは、地方に住む女性たちは口を揃えて「この街には偶然の出会いがない」と言う。そうであるなら、偶然の出会いが、そこかしこに潜んでいる街を創ればいい。

だが政治家は、こういうことは口が裂けても言えないのだ。なぜなら、これを言った瞬間に、「いまの自分の支持者たちはつまらない人たちだ」と公言してしまうことになるから。そして、あいかわらず、工場団地を建て、公営住宅を整備すれば、若者たちは戻ってきてくれるという幻想を追っている。

**三つの寂しさと向き合う**

二〇一五年八月、敗戦から七〇年目の夏、私はかつて日本軍が上陸し占領したマレーシアのペナン島のホテルの一室で、以下のような文章を書いていた。本文中に詳細を記すが、肝心の所を抜粋しておく。

「**三つの寂しさと向き合う**」

金子光晴の『寂しさの歌』の中に次のような一節があります。

遂にこの寂しい精神のうぶすなたちが、戦争をもつてきたんだ。
君達のせゐぢやない。僕のせゐでは勿論ない。みんな寂しさがなせるわざなんだ。

寂しさが銃をかつがせ、寂しさの釣出しにあつて、旗のなびく方へ、母や妻をふりすててまで出発したのだ。
かざり職人も、洗濯屋も、手代たちも、学生も、
風にそよぐ民くさになつて。

誰も彼も、区別はない。死ねばいゝと教へられたのだ。

ちんぴらで、小心で、好人物な人人は、「天皇」の名で、目先まつくらになつて、腕白のやうによろこびさわいで出ていつた。

そしてこの長い詩は、以下のような一節で終わります。

僕、僕がいま、ほんたうに寂しがつてゐる寂しさは、
この零落の方向とは反対に、
ひとりふみとゞまつて、寂しさの根元をがつきとつきとめようとして、世界といつしよに歩いてゐるたつた一人の意欲も僕のまはりに感じられない、そのことだ。そのこと

だけなのだ。

（金子光晴『寂しさの歌』、『落下傘・一九四八年・日本未来派発行所刊』より）

さて、私たちはおそらく、いま、先を急ぐのではなく、ここに踏みとどまって、三つの種類の寂しさを、がっきと受け止め、受け入れなければならないのだと私は思っています。

一つは、日本は、もはや工業立国ではないということ。

もう一つは、もはや、この国は、成長はせず、長い後退戦を戦っていかなければならないのだということ。

そして最後の一つは、日本という国は、もはやアジア唯一の先進国ではないということ。

現在、日本の労働人口の七割近くが第三次産業に従事しています。しかし、いまだ、この国では、教育のシステムも雇用や福祉政策のシステムも、大量生産大量消費の工業立国の時代のままです。経済の構造改革がなし崩し的に進められたにもかかわらず、社会のシステムの改革が進んでいない。

小泉純一郎元首相はしきりと、「構造改革には痛みが伴う」という言葉を口にしました。

多くの人々がその雄弁に幻惑され、改革路線を支持しました。しかし、実際、その「痛み」とはなんだったのでしょう。

第二次産業に従事する人々が第三次産業に転換していくことは、他人には理解できないほどの大きな痛みを伴います。産業構造の転換には、必ず古い産業へのノスタルジーがつきまとうからです。そのノスタルジーをも尊重しながら、しかしその寂しさに耐えて、私たちは新しい時代を迎えなければならない。

二つ目。日本はもう、成長社会に戻ることはありません。世界の中心で輝くこともありません。いや、そんなことは過去にもなかったし、だいいち、もはや、いかなる国も、世界の中心になどなってはならない。

私たちはこれから、「成熟」と呼べば聞こえはいいけれど、成長の止まった、長く緩やかな衰退の時間に耐えなければなりません。その痛みに耐えきれずに、これまで多くの国が、金融操作・投機という麻薬に手を出し、その結果、様々な形のバブルの崩壊を繰り返してきました。この過ちも、もう繰り返してはならない。

人口は少しずつ減り、モノは余っています。大きな成長は望むべくもない。逆に、成長をしないということを前提にしてあらゆる政策を見直すならば、様々なことが変わっていくでしょう。もちろん原発は要りませんし、大きな開発も必要ない。オリンピックも本当に必要なのかどうか。

しかしきっと、何より難しいのは、三つ目の寂しさに耐えることです。

一五〇年近く(短く見積もっても日清戦争以降の一二〇年間)、アジア唯一の先進国として君臨してきたこの国が、はたして、アジアの一国として、名誉ある振る舞いをすることが出来るようになるのか。

その寂しさを受け入れられない人々が、嫌韓・嫌中本を書き、あるいは無邪気な日本礼賛本を作るのでしょう。

私たちは、大きく二つの問題について考えなければなりません。一つは、私たち日本人のほとんどの人の中にある無意識の優越意識を、どうやって少しずつ解消していくのかということ。ここでは、教育やマスコミの役割がとても大きくなるでしょう。現状が、それとは反対の方向に向かっているように見えることは残念なことですが。

もう一つは、この寂しさに耐えられずヘイトスピーチを繰り返す人々や、ネトウヨと呼ばれる極端に心の弱い方たちをも、どうやって包摂していくのかという課題です。これもまた時間のかかる問題です。

今年は、敗戦後七〇年の年です。戦後一〇〇年まで（それを戦後として迎えることが出来るのなら）、これからの三〇年間は、日本と日本人が、この小さな島国（厳密に言えば中途半端な大きさを持ってしまった極東の島国）が、どうやって国際社会を生き延びていけるかを冷静に、そして冷徹に考えざるをえない三〇年となるでしょう。そのときに大事になるのは、政治や経済の問題と同等に、私たちの心の中、金子光晴が「精神のうぶすな」と呼んだ「マインドの問題」に向き合うことだと私は思います。「寂しさが銃をかつがせ」ることが再び起こらないように、私たちは、自分の心根をきちんと見つめる厳しさを持たなければなりません。寂しさに耐えることが、私たちの未来を拓きます。

金子光晴ゆかりの地　マレーシアにて
二〇一五年八月一一日　平田オリザ

（『ポリタス』http://politas.jp/「特集：戦後70年――私からあなたへ、これからの日本へ」より。一部改変）

## ちっとも分かっていない

四年前に、同じ講談社現代新書から『わかりあえないことから――コミュニケーション能力とは何か』という本を出し、それが私の本には珍しく、そこそこの売り上げを記録した。長く生きていると、こういうこともたまに起こる。その本の中では、分かり合うことを前提にした「会話」型のコミュニケーションから、分かり合えないことを前提にした「対話」型のコミュニケーションに、日本人のコミュニケーションに対する考え方自体を少しずつでも変えていかなければならないといったことを、あちこちと寄り道をしながら書いてきた。

三年前に、岩波書店の一〇〇周年記念に何か書くようにと言われて、『新しい広場をつくる――市民芸術概論綱要』という文化政策に関する本を上梓した。こちらは主に、劇場・音楽ホールを、ただ単に鑑賞の場とするだけではなく、市民の新しい広場として捉え直していこうといった話が、やはり、定まらない筆致で書かれている。

そして本書は、まことに身勝手なことだが、この二つの書物を結びつけて、要するに、「対話の空間としての新しい広場を作る」という話になるのだろうと思う。故に自著との内容の重複はご容赦いただきたいし、そう都合よく事が運ぶかどうかも分からないが、自分としては、そういった事柄を、やはり、そろりそろりと書いていきたい。それはイメージとしては、畏友・藻谷浩介氏の『里山資本主義』（角川新書）の文化版のようなものになるのかもしれない。

先に掲げた二つの書物を上梓したために、ここ数年、教育に関心を持つ母親たちの集いであるとか、保育の関係者、あるいは看護師さんや助産師さんといった女性の多い職場から講演の依頼が多く来るようになった。そのような講演の控え室では、必ずといっていいほど昨今の少子化対策が話題になり、そして彼女らは口々に、「本当に安倍さんは、何も、ちっとも分かっていない感じがする」と嘆く。では、その「ちっとも分かっていない」の本質は、どこにあるのだろう。先述の『新しい広場をつくる』のなかで私は、以下のように記した。

私の経営するこまばアゴラ劇場では、二〇〇九年度から、雇用保険受給者、いわゆる失業者に対する大幅な割引を開始した。こういった割引制度は、ヨーロッパの多くの美術館や劇場では、学生割引や障害者割引と並んで当たり前のように行われているのだが、日本の公共文化施設でこれを行っているところは、まだほとんどない。いや、それどころか、日本では長く、雇用保険受給者が平日の昼間に芝居なんか観ていたら、「求職活動を怠っている」と言われ、保険の給付を切られてしまうような政策をしてきたのではあるまいか。

私たちは、そろそろ価値観を転換しなければならないのではないか。雇用保険受給者や生活保護世帯の方たちが平日の昼間に劇場や映画館に来てくれたら、「失業してるのに劇場に来てくれてありがとう」「生活がたいへんなのに映画を観に来てくれてありがとう」「貧困の中でも孤立せず、社会とつながっていてくれてありがとう」と言える社会を作っていくべきなのではないか。そしてその方が、最終的に社会全体が抱えるコストもリスクも小さくなるのだ。失業からくる閉塞感、社会に必要とされていないと感じてしまう疎外感。中高年の引きこもりは、やがて犯罪や孤立死を呼び、社会全体のリスクやコストを増大させる（この「文化による社会包摂」という概念については、再度、本文中で詳しく記す）。

この点は何も、暴言・暴論の類いではない。西欧の社会保障、生活保障の中には、きわめて当たり前に「文化へのアクセス権」が含まれている。前記の通り、公立の劇場や美術館には、学生割引や高齢者割引、障害者割引があるのと同様に、当然のように「失業者割引」が存在する。低所得者向けの文化プログラムを持っている施設も多数ある。これは、今すぐに、日本でも実現可能な施策だ。

しかしもう一つ、反アベノミクス派の皆さんでさえも、あまり口にしない大切な事柄がある。

**子育て中のお母さんが、昼間に、子どもを保育所に預けて芝居や映画を観に行っても、後ろ指をさされない社会を作ること。**

私は、この視点が、いまの少子化対策に最も欠けている部分だと考える。経済のことは重要だ。待機児童の解消は絶対的急務だ。しかし、それだけでは、おそらく非婚化・晩婚化の傾向は変わらないし少子化も解消されない。この点は、本文中で数字も示して説明する。

女性だけが、結婚や出産によって、それまで享受していた何かを犠牲にしなければならない、そんな不条理な社会を変えていく必要がある。その「何か」は、けっして経済や労働のことだけではないだろう。精神的な側面、文化的側面に目を向けずに、鼻面に、にんじんをぶら下げるようにして「さぁ働け」とけしかけるような施策をとるから、「何も、ちっとも分かっていない」と思われてしまうのだ。

そもそも結婚や出産は、きわめて個人的な事柄なのだから、政策としてやれることは限られている。そろそろ文化的な側面に目を向ける少子化対策が出てきてもいい頃だろう。

この点も繰り返しておきたい。

下り坂を下っていくことには、寂しさがつきまとう。いまだ成長型の社会を望んでいる人は、この寂しさと向き合うことを避けようとしている人々である。一方で、「成長は終わった、成熟型の社会、持続可能な社会を創ろう」という方たちもまた、この「寂しさ」をないものとして素通りしているように私には思える。それでは、問題は何も解決しない。

金子光晴が記しているように、「この零落の方向とは反対に、ひとりふみとゞまつて、寂しさの根元をがつきとつきとめようとして、世界といつしよに歩いて」行くことが肝心だ。本書は、その魂の在り方を探っていく小さな旅の試みである。

このまことに小さな旅に、最後までご同行いただければ幸いである。

# 目次

# 第一章　小さな島の挑戦――瀬戸内・小豆島

## 島の子どもたち

まことに小さな国が、衰退期をむかえようとしている。

その列島のなかの一つの島が四国であり、四国は、讃岐、阿波、土佐、伊予にわかれている。讃岐の首邑は高松。


香川県に足繁く通うようになって五年ほどになる。一つは後述するように、善通寺市にある四国学院大学の学長特別補佐という職に就いて、大学改革のお手伝いをするようになったこと。もう一つは、そこから派生して、小豆島町など県内のいくつかの自治体の教育政策や文化政策に協力するようになったためだ。

司馬遼太郎さんが記したように、四国は大きな島である。その大きな島の真ん中を、東西に四国山脈が走っている。その山並みは、「四国」という、なんとなくのんびりとしたイメージとはかけ離れて峻険で、それがこの島国の多様性を生み出している。香川から見て山の向こう側である高知などは、別の国のような面持ちだ。

この四国山脈によって、瀬戸内海地方は台風などの災害から守られ、温暖な土地柄を醸成してきた。それ故か、四国の多様性の中でも、伊予、讃岐、いまの自治体名で言えば愛媛、香川は、ある種共通の、湿潤で温厚な風土を持っているように感じる。

ここ数年、この大きな島の中をあちこちと歩き、とりわけ香川県の子どもたちと多く接していくにつけ何より感じるのは、かの地の子どもたちが、とても「素直でいい子」たちだという点だ。小中学生から大学生に至るまで、あまり人を疑うことをせず、お遍路を受け入れる習慣から来るものかホスピタリティにもあふれている。

数年前、文部科学省主催のコミュニケーション教育に関するシンポジウムで司会を務めたことがある。登壇者は、東京の芸術団体からコーディネートの専門家が一人、愛媛県西条市の教育委員会から一人、香川県の陶《すえ》小学校の教員が一人というメンバーだった。

愛媛県西条市は、コミュニケーション教育の市内全校実施を掲げて、演劇教育に果敢に取り組んでくださっている。たとえばある小学校は、校長先生が全学的な取り組みとしてコミュニケーション教育を行うと宣言し、特に五年生から六年生にかけての全行事を通じて「聞く力」をテーマに、様々な試みを繰り返してきた。学芸会はもとより、運動会やコーラス大会でも、「聞く」ということを中心課題としてプロの講師陣を招いて指導を受けてきた。年間プログラムの最後は、瀬戸内海の対岸に位置する広島への修学旅行だったのだが、その際、被爆者の語り部の方から、「こんなによく話を聞いてくれた小学生は初めてです。来年も、ぜひ私を指名してください」と言われたと、その校長先生は誇らしげに語っていた。

### キラリ科

香川県綾川町の陶小学校は、高松から琴平に向かって走る「ことでん」の沿線にある小さな街の小さな学校だ。綾川町は、弘法大師が（正確にはその弟子が）初めてうどんをこねた土地であると言われている。ちなみに、近隣の琴平町もうどん発祥の地と名乗りを上げていて、ことの真偽は部外者の私にはよく分からない。

逆に言えば、うどんと美しい自然以外は取り立てて何もないこの小さな街の小さな学校が、二〇〇五年度から文部科学省の研究開発学校に指定され、「キラリ科」を新設して、豊かな表現力とコミュニケーション能力を育てる試みを始めた。

この「キラリ科」というのは、小学校の全学年に、一週間に約二時間（年間七〇時間）、演劇を使った様々な教育プログラムを実施するもので、当時の公立小学校としては画期的な試みだった。文科省が同内容の「コミュニケーション教育推進事業」を開始したのは二〇一〇年からだから、どれほど先駆的だったかが分かるだろう。

私は二〇〇六年二月（研究開発学校指定の二年度目）に、陶小学校の教員向けワークショップとレクチャーに招かれた。夕刻、すでに暗くなっていた坂出駅に教頭先生が出迎えに来てくださり、小学校までの車中で「キラリ科」が始まった経緯を伺った。いや、伺ったのだが、そのはっきりとした理由は、何度聞いてもよく分からなかった。「研究開発学校」を申請するにあたって、職員会議を繰り返すうちに、「どうも、うちの子どもたちは演じるのが好きなようだ」という意見が多く出て、「ではやってみよう」となったのだと言う。通常、こういった先駆的事例は、先の愛媛県西条市の小学校のような校長先生の強いリーダーシップや、カリスマ教師の先導と、その教員が呼んできた外部講師の指導などによって始まるものだが、陶小学校には、そういったものがほとんどなかった。「キラリ科」という名前も、「演劇科」では地域の保護者の理解を得られないだろうからという、どちらかといえば消極的な理由で付けられた。

当然、最初の一年は試行錯誤の連続だった。教員たちが分担して、他府県で様々なワークショップを受けたり、東京などの先進事例を研究した。私がこの学校の先生方と知り合ったのも、有志の先生方が高松で開催されていた私のワークショップと講演会に参加したことがきっかけだった。

試行錯誤の一年は、果たして成果が上がったのかどうか、なかなか判断が難しかったと聞く。しかし、子どもたちはあきらかに喜んでいるし、教員の側にも「間違ってはいない」という手応えはある。二年目は、専門家の力も借りながら、教科学習との連関をより深める内容にした。国語の教科書に出て来る題材を劇にしたり、「ここで、君ならなんて言う?」と台詞《せりふ》を考えさせたりといった取り組みを地道に組み込んでいった。

結果として、あきらかに国語力の向上が見られた。九割以上の生徒が「キラリ科」の授業を楽しいと感じ、言葉への関心が深まった。また、家庭においても、「キラリ科」の内容を話す子どもたちが圧倒的に多くなった。

## なぜ、コミュニケーション教育なのか

話を数年前のシンポジウムに戻そう。

私も含めた四人のメンバーが選ばれたのは、文科省の担当者としては純粋に、現場の教員一人、演劇界から演劇教育の専門家を一人、仲介役の教育委員会から一人、そして実演

家の私ということだったのだろうと思う。しかし結果として、四人のうち、私も含めた三人が四国（しかも香川、愛媛の二県）の教育に関わる人間となった。

私はシンポジウムの冒頭、「この人選の地域的な偏りは偶然だが、しかし必然でもある」と申し上げた。そして続けて、「四国の子どもたちは、みんな、のびのびとしてて、いい子たちですね」と言うと、愛媛と香川から来たお二人は、二人とも深く肯《うなず》かれた。

繰り返すが、小中学生にしても、四国学院大学の学生たちにしても、すれたところのない、素直ないい子たちなのだ。陶小学校の成果発表会を見せていただいたこともあるが、本当に素晴らしい、生命力に溢れた子どもたちだった。そういったところで授業をしていると、私自身、「本当に、この子たちに『コミュニケーション教育』なんて、いまさら必要なのかな、まして『グローバル教育』なんて」と疑問に思うことすらある。

しかしながら、現実は厳しい。

四国が大きな島であったときなら、それでよかったのだ。だが、この大きな島に、太い橋が三本も架かってしまった。

四国経済に爆発的な変化をもたらすはずだった三つの本四連絡橋は、当初は多くの観光客を集め、物流を一変させた。しかしやがて典型的なストロー効果を起こし、香川県は一九九五年以降二〇年近く、人口減少が続くこととなった。単なる転出だけではない。高松、坂出などから岡山の大学に通うような学生も多数いる。残念ながら、逆のケースは少ない。いや、実は少ないながらも例はあるのだが、それは医学部など特殊な学部学科に限られる。香川大や愛媛大の医学部が、本州から来る学生に多数を占められて県内からの進学者が減っているのだ。これは四国だけのことではなく、多くの地方大学で見られる現象で、いわば高校球児の野球留学のようなものである。この学生たちは、ほとんどその大学のある地域には残らず、首都圏や関西圏での勤務を望むか、または地元に帰って親の跡を継いで開業医になっていく。これが地域の医師不足の遠因ともなっている。

話を、香川、高松に戻そう。

ストロー効果は、もちろん大学だけのことではない。もっとも大きな打撃は、「四国の玄関口」と言われた高松から、多くの支店が撤退していってしまったことだった。そこにバブル崩壊が重なり、九〇年代後半、高松の繁華街は一挙に寂《さび》れていったと言う。

香川の子どもたちは、好むと好まざるとにかかわらず、他県との接触を強いられるようになった。香川県の教育関係者は口を揃えて言う。

「この子たちはいい子たちなんですけど、他県に行ってからコミュニケーションで苦労するんです」

これは日本の縮図ではないか。日本という国家と民族が、もしも鎖国していけるなら、敢えて「(グローバル)コミュニケーション教育」なんてする必要はない。しかし、この狭い国土を鎖国して生きていけるのは三〇〇〇万人が限度だという。何もしなくても、やがて六〇〇〇万人くらいまでは人口が減るようだが、いきなり三〇〇〇万人に減らすことは不可能だろう。

では、この極東の小さな島国が、国際社会の中でかろうじて生き延びて行くには、どのような能力が必要なのか。四国には、その先進事例があふれている。

## 人口動態の変化

橋で本州とつながってしまった四国という大きな島は、これまであまり必要とされてこなかった「他者とのコミュニケーション能力」、もう少し詳しく言うなら、異なる価値観や文化的な背景を持った人々にきちんと自己を主張し、また他者の多様性をも理解する能力(=対話力)を必要とするようになった。ここに、他府県に先駆けて、四国各県でコミュニケーション教育がより強く求められるようになった背景がある。

さらにここ数年で、別の側面も出てきた。

香川県の人口動態の長期低落傾向に、近年、変化が見られるようになったのだ。二〇一二年、一三年ぶりに、転入人口と転出人口の差（社会増減）がほぼなくなり、下げ止まりの傾向を見せ始めた。もちろん、それはまだ少子高齢化に伴う自然減を補うほどの力はなく、人口減少自体は止まっていないが、それでも明るい兆しには違いない。理由はいくつか考えられているが、例えばＲＮＣ西日本放送は、「災害が少なく、小豆島などへの移住が人気」と報じている。

では、実際の小豆島はどうかというと、不思議なことに、人口の社会減は止まっていない。これはどういうことだろう。ここには統計のからくりがある。

小豆島には大学がないから、高校を卒業すると多くの生徒たちは、進学あるいは就職のためにいったんは島を離れる。その大半は高松市、香川県内への「転出」である。これは香川県内での移動なので、県の統計資料には現れてこない。一方、小豆島には、近年、年間一〇〇名をはるかに超える県外からの移住者がいる。これが香川県全体の社会増を押し上げているのだ。

もう少し詳しく見ていくと、香川県人口移動調査報告によれば、二〇一〇年から三年間の香川県の人口の社会増減の上位三層は、左記のようになっている。
一目瞭然ではないか。香川に移住して来る人々は、三〇代の子育て世代であり（もちろん、この数字の中には転勤族も含まれるだろうが）、それに続くのは定年以上の世代である。特に震災後の一年は、この傾向が顕著になった。一方で、出て行くのは圧倒的に大学卒業のタイミングであることが分かる。だとするなら、人口回復の方策は（少なくとも香川県単体で見るならば）、大卒者の雇用の場をできるだけ確保するとともに、一度出て行った県内出身者にも、いずれ帰ってきてもらえる環境を整えること。そして同時に、県外

**〈社会増〉**

2010年10月から2011年9月
30〜34歳（136人）
60〜64歳（123人）
0〜 4歳 （79人）

2011年10月から2012年9月
0〜 4歳（187人）
60〜64歳（126人）
30〜34歳（102人）

2012年10月から2013年9月
35〜39歳（184人）
30〜34歳（124人）
60〜64歳 （90人）

**〈社会減〉**

2010年10月から2011年9月
20〜24歳（△689人）
15〜19歳（△174人）
10〜14歳 （△85人）

2011年10月から2012年9月
20〜24歳（△487人）
15〜19歳（△179人）
10〜14歳 （△32人）

2012年10月から2013年9月
20〜24歳（△656人）
15〜19歳（△177人）
40〜44歳 （△61人）

からの子育て世代の転入を促進することだ。

## Iターン者の増加

先に記したように、人口約一万五〇〇〇人の小豆島町は、ここ数年、年間一〇〇人以上のIターン者を受け入れており、このままこの数字が順調に推移すれば、人口減少に歯止めをかけることも夢ではない。

どういった背景があるのだろうか。

小豆島は、瀬戸内海では淡路島に次ぐ第二の大きさ、島全体の人口は約三万人。本土からの橋もなく空港もない島としては「日本最大級の離島」である（北方領土を除く）。ただし、ファストフード店はないが（モスバーガーが一店あったが二〇〇一年に閉店した）、コンビニエンスストアは島内に六店舗あり、実は「離島」というイメージは少ない。

小豆島は、小豆島町と土庄《とのしょう》町の二つの町に分かれている。小豆島町は、池田町と内海《うちのみ》町が合併してできた新しい自治体で、そもそも三町が合併しようとしたのだが、町役場の位置などでもめて、最終的に半分だけの合併となった。

これから書くのは、主にこの小豆島町についてであるが、小さな島だから、島全体についての記述が混在することはご容赦願いたい。

小豆島町にIターン者が増えている原因はなんだろう。

まず、前述したように、離島とはいえ比較的人口規模が大きく、醤油、佃煮、ごま油、そうめん、オリーブ、観光などの基幹産業があって雇用が確保できる点。醤油は日本の四大産地の一つ、そうめんは三大産地の一つとされている。ちなみに、観光名所の寒霞渓《かんかけい》も、日本三大渓谷美の一つである。

こういった点は、『里山資本主義』（藻谷浩介著）に紹介されている山口県の周防大島（人口約二万人）とも共通している。私は経済が専門ではないので科学的根拠には乏しいが、おそらく島という閉鎖系の中で、二、三万人の人口があれば、十分に循環型の社会を構築していけるということなのだろう。これが、なまじ陸続きで近くに大きな都市があると、人々は安易にそちらに流れていってしまう。たとえば、明石海峡大橋が架かってしまったために、まさに「一夜にして」車で三〇分圏内に一五〇万都市神戸が隣接することになり、結果、淡路島の商店街が壊滅状態になったことと対照的であろう。

ちなみに、周防大島は小豆島に次ぐ瀬戸内海三番目の大きさ。どちらも、イザナギ・イザナミが大八洲《おおやしま》についで創った六つの島のうちに数えられている。

小豆島にIターン者が増えている第二の理由は豊かな自然である。おそらくこれが、一般的には移住を決定づける最大の魅力となっているのだろう。

雨が少なく穏やかな気候。美しい海。瀬戸内最高峰、標高八〇〇メートルを超える星《ほし》ヶ城《じょう》山。その山肌を縫う棚田。安全な食材がいくらでも手に入る環境がある。

安全・安心はIターン者にとって大きなポイントだ。実際、小豆島、あるいは香川県全体でも、震災を機に東北、特に福島から移り住んだ方も多い。受け入れる側は被災地をおもんぱかって大きな声では言わないでいるが、「災害の少ない香川県」を、ひそかにアピールポイントにしているのは事実である。

三番目のポイントは、「意外な便利さ」だ。小豆島には橋もなく空港もないと書いた。しかし、航路は、高松、岡山を中心に姫路、神戸に至るまで一日八〇便以上が往復している。「JRが一時間に一本しか停まらない」というと何か寂しい感じがするが、島なのに、これほど多彩な航路があると不思議と賑やかな感覚に陥る。特に、神戸航路は阪神・淡路大震災以降休止していたものが、二〇一一年、一六年ぶりに復活した。瀬戸内国際芸術祭に参加する関西のアーティストたちに聞くと、この三時間の船旅というのが味わい深いのだという。

便利さとは、まさに相対的なものであり、都会で暮らしていると、電車の五分、一〇分の遅れでも苛々とくるかもしれないが、いったん島に住むと覚悟を決めてしまえば、その「意外な便利さ」をありがたいとさえ感じるのだろう。

四番目のポイントとしては、小豆島の知名度が挙げられるかもしれない。この点は、周防大島などにもまさる条件有利の点だろう。『二十四の瞳』はもちろん、最近では角田光代さんの『八日目の蟬』の舞台ともなった。それぞれの作品のテレビ、映画のロケ地はいまも保存され、観光名所となっている。

五番目は、行政のバックアップである。空き家の斡旋などを積極的に行うほかに、お試し滞在としての「島ぐらし体験」や中長期滞在施設の運用なども行っている。

### 島に出会った理由

しかし、ここまでの五つの事柄ならば、他の地域にもあるかもしれないし、より有利な条件の地域さえあったかもしれない。

小豆島にとっての決定打は「アート」だった。

Iターン者の多くは、まず、瀬戸内国際芸術祭をきっかけにこの島を訪れている。あるいは芸術祭からこの島に対していいイメージを抱いている。

想像してみて欲しい。たとえば東京・幕張メッセあたりで行われる総務省主催の「Iターン・Jターンフェスタ」といった催しで、自治体がブースを借りて、お金のかかったパンフレットなどをいくら配っても、それだけで人は来てくれないだろう。何か来島のきっかけがあり、何度か島に通ううちに、

「え、この家空いてるの？」

「意外と便利だね、ここに住んでもいいかな」

「子育てのことまで考えたら、島に住むのもありだよね」

といった流れの方が自然なのではあるまいか。

瀬戸内国際芸術祭は三年に一度、第一回は、二〇一〇年の夏から秋にかけて開催された。その年の四月に町長になったばかりだった塩田幸雄《ゆきお》現町長は、おそらく直感的に、この賑わいに希望を見いだしたのだろう。

厚生労働省の官僚として長く社会保険政策に関わってきた塩田町長は、高校卒業以来四〇年ぶりに小豆島に戻り、人口減少対策、少子高齢化対策の一つの糸口としてアート、広

い意味での文化政策に急速に関心を持った。二回目の開催となった二〇一三年には、役場内に「瀬戸内国際芸術祭２０１３推進室」を設置して、町として積極的にアートに関する取り組みを開始した。

小豆島の観光文化政策で特徴的なのは、「観光から関係へ」をテーマに、観光による「交流人口」と、Ｉターンなどの「定住人口」の間に、「関係人口」という新しい概念を設定した点にある。

芸術祭を契機に一定期間、小豆島に滞在した若手のアーティスト、クリエイターたちは、ただ単にそこで作品を創るだけではなく、皆それぞれ、なんらかの形で島民と関係を持ち、緩やかに共同体の中に参加していく。その中から、芸術祭後も島に足繁く通う者や、定住をする者、あるいは半年を大阪、半年を小豆島で暮らすといった新しいライフスタイルを選択する者が出てきた。

拙著『新しい広場をつくる』のなかで私は、これからは、利益共同体と地縁血縁型の共同体の中間に、「関心共同体」（社会学では似たような概念として「実践共同体」といった言葉もある）とでも呼ぶべき、中間的な共同体が必要なのではないかと書いた。地縁や血縁を持たない（あるいは、それに縛られたくない）、そして企業社会にも所属しない層を包摂し、人間を社会から孤立させないためには、もう一つの緩やかな、ある程度出入り自由な共同体が必要なのではないか。

小豆島が政策として打ち出した「関係人口」という概念も、それに近いものがあると思う。都会的生活か田舎暮らしかという二者択一を迫るのではなく、その中間領域を想定して、様々なライフスタイルを可能にしていく。多くの市町村のIターン・Jターン政策が、東京一極集中の排除だけを眼目にし、結局は市場原理の延長線上にあるように見えるのに対して、小豆島のとった戦略は迂遠であるが、おそらくもっとも現実的な政策だと私は感じる。

## 農村歌舞伎の島

もう一点、この「観光から関係へ」あるいは「関係人口」といった新しい概念を生み出せた背景には、小豆島の特殊な歴史性があるように思う。

小豆島は、外見上は日本のどこにでもある半農半漁の離島である。だが、江戸時代には、この島は瀬戸内海交易の中心地であり、その入り江には風待ちの船が多く身を隠した。小豆島は商業の島でもあった。

司馬遼太郎さんの名作『菜の花の沖』は、同じ瀬戸内海を舞台とし、やがて蝦夷地へと渡る商人高田屋嘉兵衛の物語である。この小説の中で、嘉兵衛が蝦夷地へと渡る直前、秋田の船大工について、「与茂平どんは、狂言のことばを使いますな」と語りかける場面がある。以下、本文からの引用。

**この時代、土地のなまの言葉は他の土地では意味が通じないのである。このため上方の商人は遠国《おんごく》の商人と話すとき、できるだけ浄瑠璃の敬語に近づけて物を言う。これに対し、武士は他藩の士と話すとき、狂言の言葉に近づける。**

案の定、この船大工は武家の出身であった。
大阪で人形浄瑠璃が発達した理由もここにある。浄瑠璃は、大阪商人たちのコミュニケーションツールだったのだ。
あるいは、司馬さんの『この国のかたち　一』（文春文庫）には、高田屋嘉兵衛について以下のような記述もある。

かれは満足に初等教育をうけていなかったが、浄瑠璃ずきのおかげで、魅力的な表現力をもっていたらしい。英語圏でいえば、無学な船乗りながらシェイクスピアはぜんぶ暗誦していて、適時引用するといったふうな人物を想像すればいい。

そのせいか、物言いも明晰で、論旨を通すこともでき、さまざまな修辞でもって情景を描写することもできた。

小豆島にも三〇〇年の伝統を誇る農村歌舞伎がある。今でこそ小豆島の人々もこれを「農村」歌舞伎と呼び、村落共同体の伝統行事と捉えているが、実際には、島の人々が瀬戸内海の各所から渡ってくる商人や船頭たちとコミュニケーションをとるための教養教育の場であったろうことは想像に難くない。

また、この島には、四国八十八ヵ所のミニチュア版である「島遍路」と呼ばれる小豆島八十八ヵ所の霊場がある。ちなみに、この島遍路を持つ点も、前掲の周防大島と共通している。この島遍路は、四国のお遍路と同様に、その途上にある家々は、お遍路さんを「お接待」することで功徳を積むという習慣がある。すなわち小豆島には、もともとヨソモノを、同化を強いない形で受け入れる土壌があったのだ。この点は、純農村地帯とは大きく異なる条件だと言えるだろう。

小豆島町は瀬戸内国際芸術祭の成功にとどまることなく、現代アートからパフォーミングアーツにまで大きくウィングを広げて、芸術祭の会期以外にも様々な文化振興策を行っている。農村歌舞伎だけではなく、長らく途絶えていた『二十四の瞳』を題材とした町民劇を復活させた。農村歌舞伎や町民劇には、町役場の若手職員の出演が推奨され、その出演者たちには残業が免除され「早く稽古に行け」と促されるそうだ。

小中学校での演劇を使ったコミュニケーション教育も全校実施に向けて取り組みを始めた。こういった施策が受け入れられやすかったのには、強い理由がある。教育委員会や教員だけではなく、町の幹部職員たちも口を揃えて、

「島の子どもたちは、保育園から高校まで顔見知りの中で育ちます。素直でいい子たちですが、島を出てからコミュニケーションで苦労します」

と言うのだ。それは自分たち自身の切実な体験に根ざした反省で、だからこそ、広い意味でのコミュニケーション教育が自然な形で受け入れられてきた。

**町の取り組み**

塩田町長は、芸術祭への関わりの結論として以下のようにまとめている。

第一に、アーティスト、クリエイターのみなさんが、地域の人たちが忘れかけていた、あるいは気がつかないでいた小豆島の魅力を掘り起こし、見つけ、形にしてくれた。これによって人々は、再び自信と誇りを取り戻そうとしている。

第二に、小豆島を訪れる人たちと地元の人たちの交流、人と人の交流、地域と地域の交流がはじまろうとしている。

第三に、小豆島は、アーティスト、クリエイターだけでなく、本当の価値を求めようとしている人たちにとって、可能性のある場所になろうとしている。

第四に、人口減少と少子高齢化を克服する新たな取り組みがアートをきっかけにして小豆島ではじまろうとしている。

(『小豆島にみる日本の未来のつくり方』誠文堂新光社)

序章にも書いたように、実は、「地方は雇用がないから地元には戻らない」という学生は少ない。たしかに地方の雇用環境は厳しい(厳しかった)。しかし、それが皆無なわけではない。さらに人口減少によって、たとえば高知県では有効求人倍率が過去最高を更新し続け、ついに二〇一五年末には一・〇を超えることとなった。また、現金収入は乏しくとも、子育てや教育の費用を考えれば、トータルの人生の費用は地方の方が格段に安い(安くなっている)。

だが、それだけでは若者たちは戻ってこない。現実に、工場団地を作って企業誘致を図り、公営住宅を整備しても、若者たちは戻ってこなかったではないか。

学生たちは「田舎はつまらない」と言う。であるならば「つまらなくない町」「おもしろい町」を作ればいい。

小豆島には大学はないから、いったん、高校卒業時点で、一定数の人口が島を離れていくのは仕方がない。しかし、その人々が戻ってきてくれるか、あるいはよそからも人が来てくれるか、その大きな要因の一つが、「つまらないか」「おもしろいか」という広い意味での文化資源に拠っていることは間違いない。

以前、塩田町長に、瀬戸内の海が見渡せる丘の上のイタリア料理店に連れて行っていただいたことがある。東京で修業を積んだシェフが、オリーブを中心とした小豆島の食材を使って、とびっきりのイタリアンを食べさせてくれる。小さなレストランで、手塩にかけて創られたひと皿ひと皿は、都会の味にまったく引けをとらない。
「こんな店があり、日常的にアートに触れられ、東京にいるときと文化的にはなんの遜色もないんです」
と町長は胸を張る。もちろん、小豆島の戦いは始まったばかりである。しかし、この小さな島の在り方に、一筋の光明を見る思いがするのは私だけだろうか。

## 小豆島高校、甲子園出場

この原稿を書いているちょうどそのさなか（二〇一六年冬）、小豆島高校の第八八回選抜高校野球への出場が決まった。二一世紀枠での出場ではあるが、二〇一五年の県大会では高松商業（のちに四国大会と明治神宮大会を制して同じくセンバツに出場）を決勝で破り優勝を果たしているから、堂々、実力による出場と言っても過言ではない。

全校生徒二八三名、野球部員一七名の小さな学校、小さな野球部の快挙である。もちろん野球部員はすべて小豆島の出身だ。

野球部だけではない。陸上部女子は二〇一五年に駅伝で全国大会出場を果たしている。そして、この小豆島高校は、卒業生の過半が大学に進学する進学校でもある。

創部九〇年を超える伝統ある野球部だが、一時は部員が二人にまで減ったこともある。島の人口減少とともに学校全体の生徒数も減り、部活動の存続そのものも危うい時期があった。しかし、ここからはテレビドラマやマンガのような展開なのだが、低迷気味だったこの野球部に、二〇代、甲子園経験もある新任の杉吉勇輝監督が赴任する。杉吉さんは香川県立丸亀高校(香川の名門校で、高校演劇の全国大会でも優勝したことがある)出身、慶応大学野球部でも一年生からレギュラーで活躍し、卒業後は三井住友銀行に就職するも、野球への思いが断ちがたく退職してふるさとに戻った。

この青年監督のモットーは「エンジョイ・ベースボール」。部員の自主性を重んじ、練習メニューの大半も生徒たちが自分自身で考えていく。最先端の科学的なトレーニングを導入しつつ、部員個々のやる気を引き出して、瞬く間に小豆島高校を県内随一の強豪校へと育て上げた。また小豆島高校野球部は、地元の小学生との交流など、地域還元事業も行っている。

もう一点、これは私の推測も入るが、小豆島高校野球部の強みは、人数の少なさにあるようだ。人数が少ないから、特に練習において各自が複数のポジション、複数の役割をこなさなくてはならない。それらは練習の局面に応じて流動的になるから、自然と、部員個々人が主体的たらざるを得なくなる。

これは実は、小豆島全体の縮図でもある。

人口の少ない離島で町作りを進めようとすれば、人々は複数の役割をこなさざるを得ない。しかしそのことが、かえって人々の自主性、主体性を強める。本来、人間はいろいろな役割を演じることによって社会性を獲得していく。村芝居への参加が、若者たちの教養教育の場として機能したのも、演劇が、いくつものポジションを同時にこなさなければならない、あるいは、その役割を流動的に変化させていかなければならない芸術だからだ。

この小豆島高校では、二〇一五年夏、東京の人気劇団まごとが、名作『わが星』（第五四回岸田國士戯曲賞受賞作品）を、体育館で上演し、島外からも多くの観客を集めた。

小豆島高校は、二〇一七年春に土庄高校との統合が決まっている。先生方とは、この統合を機会に、演劇などを取り入れたアクティブラーニングをより多く導入できればと話し合っている。生徒数が増えることから、演劇部の復活も期待されている。文武両道だけではない、心技体が揃った新しい学校作りが始まろうとしている。

# 第二章　コウノトリの郷——但馬・豊岡

## 環境と経済の共生

兵庫県の北側、日本海に面した広い地域を「但馬」と呼ぶ。江戸時代は豊岡藩、出石《いずし》藩がここを統治し、明治に入ってからもその初期には「豊岡県」が置かれた。

「豊岡」の名は、『坂の上の雲』の文庫版一、二巻に三度も登場する。明治期において、この地域が日本文化、日本社会に与えた影響がいかに大きかったかの証左であろう。その中には、たとえば以下のような記述もある。

しかも、山国のわりに、松山よりも便利なことは、明治八年、丹波に隣接する但馬の豊岡に「豊岡県教員伝習所」——神戸・御影《みかげ》師範の前身——という高等教育機関ができたことであった。

（『坂の上の雲　一』文春文庫）

豊岡市は、二〇〇五年に旧豊岡市、城崎温泉を抱える城崎町など一市五町の大合併によって新しい市に生まれ変わった。いまは何より、「コウノトリの郷」として名を馳せている。

コウノトリは完全肉食の大型鳥類である。かつては日本全土に生息していたが、明治期以降の乱獲、そして先の大戦中に食用にされたり、あるいは巣をかける松の木が大量に伐採されたことによって急減。さらに戦後は農薬の利用の拡大によって小動物が田んぼから姿を消し、餌を失ったコウノトリ自体も絶滅の危機に至った。

一九六〇年代以降、最後の営巣地であった豊岡では、人工飼育、人工繁殖に取り組むが、コウノトリ自体の身体も水銀に冒され繁殖力が弱くなっており、七一年には野生個体群は日本から完全に消滅した。しかし八五年、ソビエト連邦（当時）から幼鳥六羽が寄贈され、やがて繁殖に成功。二〇〇五年、世界でも珍しい人工繁殖からの野生復帰（放鳥）に成功したことは記憶に新しい。

さて、ただ、ここまでのことならば、環境保護運動の一つの成功例にすぎない（それだけでも価値は十分にあるが）。しかし、豊岡市のユニークな点は、これを単なるコウノトリの復活物語に止めなかったところにある。先に記したように、コウノトリは完全肉食の鳥だ。田んぼにいるドジョウやフナ、里山の蛇や蛙を餌として生きてきた。逆に、歴史が示すとおり、そういった小動物がいなければ、コウノトリも生きていくことはできない。

そこで豊岡市は、県立コウノトリの郷公園を中心に、農家と交渉を続けながら、無農薬・減農薬の田んぼを広げてきた。コンクリートで固められた用水路を土に戻し、小動物たちが行き来しやすい環境も作った。冬の間も田んぼを水で満たしたり、初夏に田んぼから水を抜く時期を、オタマジャクシが蛙に育つまで待つといった小さな工夫も積み重ねている。

このような田んぼで育った米は、「コウノトリ育むお米」としてブランド化され、米価が低下する中でも、安定した価格で流通している。コウノトリが育つ環境のお米という最強のブランドイメージを作り上げ、全国展開をしているのだ。コウノトリが育んでいるのか、コウノトリを育んでいるのか、両義性のあるネーミングもまた、センスがいい。実際、コウノトリの郷公園付設の売店では、二キロパックの高いお米から、新米が売り切れていく。環境と経済を共生させる持続可能な取り組みの大きな成功例と言えるだろう。

**城崎国際アートセンター**

このコウノトリ復活の物語の中心人物は、県議会議員時代からこの夢に賭けてきた中貝《なかがい》宗治《むねはる》市長である。その中貝市長が次にターゲットにしたのが芸術・文化だった。

豊岡市と合併した城崎の温泉街の町外れに、兵庫県立城崎大会議館という施設があった。一〇〇〇人を収容できるコンベンションセンターだが、残念ながら稼働率は極端に低かった。建設当時は、大会議場を作れば様々な学会や労働組合の大会などを誘致でき、周辺の旅館業も潤うと考えたのだろう。しかし残念ながら、その目論見は見事に外れた。開館以来、一度も一〇〇〇人の定員を満たしたことはなく、寂れる一方となっていた。

いわゆる「お荷物施設」だったこの会議館を、兵庫県は豊岡市に払い下げることになった。当初、解体して駐車場にでもするしかないと考えられていたが、あるとき、市長がふと、「劇団やダンスのカンパニーに貸し出してはどうか」と思いついたのだという。

私がはじめて豊岡市を訪れたのは、ちょうど、そのような案が市役所で検討されていた時期だった。その時は、私は単に文化講演会で呼ばれただけだったのだが、講演の前後に相談を受け、翌年、再訪した際には現場も見せていただいた。だだっ広い会議場、貧弱な舞台、建物全体もお世辞にもセンスがいいとは言いがたい。

正直、さて、どうしたものかと思った。ここに宿泊、滞在型のアートセンターを造ったとして、果たして使いたいという集団がいくつあるだろうか。

ただ幸いなことに、おそらくパーティーもできるようにということを狙ったのだろう、大会議場本体は客席が壁際に収納できるロールバックスタンドというタイプの造りになっていて、これを引っ込めれば、相当に大きなスペースを確保できる。ダンスのカンパニーが大きな作品を創る際などには、いいかもしれない。

「よほど工夫をしないと難しいかもしれませんが、可能性はあると思います」

と私は担当者に答えた。そう言ってしまった手前、責任をとらざるを得ず、やがて私は「城崎温泉アートセンター化構想策定委員会」のアドバイザーとなった。こうした経緯で、地元の方たちを交えた半年にわたる協議の末、舞台芸術のアーティスト・イン・レジデンスに特化した文化施設「城崎国際アートセンター」が誕生することとなった。

関西で先進的な仕事を続けている「いるか設計集団」が改装を担当し、低予算で、質実剛健なリニューアルが実現した。外見も、かつての外観を一新させて、黒作りのセンスのいい建物に生まれ変わった。六つのスタジオと、最大二八名が泊まれる宿泊施設や自炊設備を完備した国内最大級のレジデンス施設（宿泊施設を備えたアートスペース）が誕生した。

ここに滞在するアーティストは、二四時間、施設を自由に利用し、稽古に集中することができる。施設利用料は完全に無料で、審査に合格すれば、三日間から最大三ヵ月まで滞在可能だ。

## 短期的な成果を問わない

さらに、この施設の最大の特徴は、今どきの公共施設では珍しく、「短期的な成果を問わない」という点にある。作品を創らなくてもかまわない。たとえば私のような劇作家が「構想中です」と言い続けていれば、何もしなくても三ヵ月間滞在していてかまわない。

もちろん私たちは闇雲に、このような施設を思いつき、改装をしたわけではない。二〇一二年、「劇場、音楽堂等の活性化に関する法律」（通称・劇場法）が成立した（この法律に関しては、前掲の『新しい広場をつくる』に詳しい）。いままで日本の劇場、音楽ホールは、一般市民にとって演劇を観に行くところ、音楽を聴きに行くところだった。しかし劇場は本来、演劇やコンサートを創る場所でもある。あるいは芸術を通じて、市民が交流する施設でもある。

私はこれをよく病院に喩えてきた。病院は、たしかに一般市民にとっては、病気や怪我を治療してくれる場所だ。しかし、よく考えてみると、病院では健康診断や健康相談も行っている。感染症の予防や対策も総合病院の役割だし、奥の方では先端的な実験や医薬品の開発も行っている。大学病院や県立病院は、それらをすべてこなしてこそ、総合病院としての機能、すなわち地域の健康に責任を持つ公的機関としての役割を果たすことになる。劇場も同様なのだ。

劇場法とは、劇場・音楽堂を、そのように地域の舞台芸術活動に責任を持つ機関として捉え、そうであるならば、それに見合った専門的な人材を配置するべきだという趣旨の法律である。

実際に、この二〇年間、公共ホール制作の演劇は格段に増えた。劇場法はこの流れを加速させるだろうと考えられている。今後一〇年で、劇場法を前提にした、すなわち創作活動を前提にした比較的規模の大きな公共ホールが、二〇以上できるという情報もある。

しかし日本の公共ホールは、欧米の劇場が持っているようなレジデンス機能を持っていない。たとえばフランスでは、劇場が地域の空いているアパートを借り上げるなどして、滞在するアーティストに便宜を図っている。もちろん、そこには広いキッチンやリビングもついていて、自炊も打ち合わせも執筆もできるようになっている。フランス南東部の小都市ブザンソンの国立演劇センターで仕事をした際に、一ヵ月半、私に貸し与えられたのは、ビクトル・ユーゴが生まれたという由緒正しいアパートだった。ただ残念ながら、日本の公共ホールでは、静岡県や、富山県利賀《とが》村といった専属劇団を抱えた施設以外は、このような機能を有していない。

たとえば、一つの都市に二〇人のアーティストやスタッフが滞在し、演劇作品を創るとする。ホテルに泊まらせれば、一泊五〇〇〇円としても二ヵ月で六〇〇万円の支出になる。ところが、この城崎国際アートセンターなら、その支出は必要なく、自炊の設備も揃っている。しかも一部繰り返しになるが、ここには他にも、様々な好条件が揃っている。

・二四時間、施設利用が可能なので、いつでも稽古に集中できる。
・大スタジオ（旧大会議場）は、日本国内のどんな大劇場にも適応できる大きさを備えており、実寸で、本物の舞台装置を建て込んでの稽古も可能である。
・近隣の建物と離れているので、大きな声や音を出しても問題ない。
・六つのスタジオがあるので、大きなカンパニーでも分散稽古や、俳優の自主稽古が可能になる。
・大スタジオで稽古を進める間に、他のスタジオで映像や音響の編集作業をすることもできる。
・宿泊施設が一体化しているので、通勤などのストレスやコストも発生しない。
・大スタジオでは、ロールバックスタンドの客席は残したので、五〇〇人から七〇〇人程度を収容して上演、滞在制作の成果を発表するプレ公演なども可能。

そして何よりの魅力は温泉だ。

ここ城崎温泉の特徴は、「外湯」と呼ばれる公衆浴場が七つ揃っていることだ。旅館の宿泊客は食事が終わったあとに、もう一度外に出て外湯巡りを楽しむ。この外湯は旅館に泊まれば無料のパスがもらえるが、日帰り客は一二〇〇円のパスを買うか、六〇〇円から八〇〇円の入浴料を支払って一つ一つの浴場に入ることになる。豊岡市民には割引の回数券があり、さらに旧城崎町民は一回一〇〇円で入浴可能となっている。さて、ここ城崎国際アートセンターに滞在するアーティストは、旧城崎町民と同じ扱いを受けていて、一回一〇〇円で外湯に入れるパスが発行される。豊岡市の「城崎町湯島財産区営温泉浴場の設置及び管理に関する条例施行規則」には、そのことがきちんと明記されている。この街は、アーティストを安く温泉に入れるために、条例まで改正したのだ。

## 城崎という街

どうしてこのようなことが可能になったのかには、市長の英断以外にも理由があった。

城崎は、志賀直哉の『城の崎にて』で、五〇年以上食べてきた街である。街のそこかしこに、「温泉と文学の街・城崎」と書かれた看板や垂れ幕が見受けられる。かの名作によって、城崎のイメージは形成され、また名前が全国区になった。しかし現在、『城の崎にて』を掲載する教科書は減ってきており、知名度も低下している。特に関東地方の人間にとっては、城崎は温泉場としてはなじみが薄い。

城崎に逗留したのは、志賀直哉だけではない。有島武郎、泉鏡花、島崎藤村などなど、幕末には桂小五郎もこの地に身を潜めた。かつては、それぞれの旅館が、文人墨客を泊め、掛け軸に一筆書き残したりすることで無料で長逗留をさせてきた。いまも、その遺産が各旅館には残っている。

しかし、現在、それだけの余裕は、それぞれの旅館にはない。ならば広く世界に公募を行い、目利きのプロデューサーに選定を任せ、城崎温泉全体で芸術家たちを受け入れて滞在をしてもらい、一〇年、二〇年かけて、その中から二一世紀の『城の崎にて』ができれば、この街は、また五〇年、一〇〇年と生き延びていけるではないか。もちろん二一世紀の『城の崎にて』は、文学作品とは限らない。それはコンテンポラリーダンスかもしれないし、ビデオアートかもしれない。

旅館の若手経営者らと話を進める中で、このようなストーリーが生まれてきたときに私は、「この施設は成功するかもしれない」と小さな希望を持ち始めた。

## アーティストのいる街

公募を開始してみると、心配された利用状況の方は、国内外から多くの応募があり、主催事業も含めると年間の稼働率が九〇%を超えることになった。以前の施設の稼働率の一〇倍近い数字である。

本格的な公募が始まった二〇一五年度には国内外六ヵ国一五件、開館三年目の二〇一六年度には一三ヵ国から四〇の団体の利用申し込みがあった。私たち選考委員はその中から年間一五団体前後を選出し滞在制作をしてもらっている。いずれも世界のトップクラスのクリエイターか、あるいは将来が嘱望される若手アーティストたちだ。たった三年で、このアートセンターは、世界の演劇とダンス界に名前が知れわたることとなった。城崎、豊岡は世界中のアーティストのあこがれの地となりつつある。

フランスとポーランドの合作映画の伝説の名作『ふたりのベロニカ』でカンヌ国際映画祭主演女優賞を受賞したイレーヌ・ジャコブさんは、二〇一四年の秋に一ヵ月、このアートセンターに滞在し、その際のインタビューで以下のように答えている。

——アートセンター、そして城崎での滞在はいかがですか？

城崎は温泉街であり、伝統の町であり、歓楽街であり……浴衣を着た人々が行き交い、温泉や柳、橋があって、まるで小さなヴェネツィアのよう。とても美しく、素敵なところです。このような伝統的な町にアートセンターというクリエーションの拠点があるのは、非常に斬新なことです。滞在者はこの城崎の優れたアートセンターで、静かで快適な生活を送ることが出来ます。練習のスタジオや舞台などの設備も大変整っています。滞在者にとっての家であり設備であり、舞台芸術作品を受け入れる家でもあります。

アートセンターに滞在したいアーティストが殺到するのではないでしょうか。

（中略）

城崎の外湯を訪れることで、わたしたちは町にたいしてオープンでいられるんです。町中に気軽にアクセスできる。こういった城崎の町との交流がクリエーションのためにもなっていると思います。

彼女は現在、豊岡の観光大使を自ら買って出て、フランス中の演劇人、映画俳優たちに「日本に遊びに行くなら、必ず城崎に行きなさい」と勧めてくれている。こうして、城崎温泉は、「温泉と文学の街」に加えて、「世界的なアーティストが普通に歩いている街」という新しい魅力が加わることとなった。

さらに、滞在するアーティストたちには、その資質に応じて、成果発表会やワークショップ、地元の小中学校でのモデル授業など地域還元事業も行ってもらう。城崎の小中学生は、常に世界トップクラスのアーティストとふれあい、またその作品を観る機会に恵まれる。実は、このことこそが、観光の街・城崎の未来への大きな投資となるだろうと私は考えている。

興行として呼べば、一団体数百万円かかる劇団やダンスカンパニーが、先方から「使わせてください」とやってきてくれるのだ。これはレジデンス機能に特化したからこそ可能になった展開である。

## 小さな世界都市

実は城崎にいるのはアーティストだけではない。豊岡市は、二〇一三年にNOMOベースボールクラブを誘致した。このクラブに所属する選手の大半は、城崎温泉の旅館で働きながらプロ野球選手を目指している。

このNOMOベースボールクラブの事務所も、城崎国際アートセンターと棟続きの所にあり、そのため、たとえばイレーヌ・ジャコブさんと野茂英雄さんが庭ですれ違うなどという風景が日常的に見られるのだ。

人口八万人の地方都市の、その周縁に位置する旧城崎町の、さらにその町外れに位置する城崎国際アートセンターに、世界トップレベルのアーティストやアスリートが、当たり前のように生活したり、地元の人々と会話を交わしている。これは、日本のどの街でも見ることの出来ない不思議な光景である。

しかし、この風景は、中貝市長が掲げる豊岡市のスローガン「小さな世界都市」と見事にマッチしている。豊岡市の方針は、「東京標準では考えない。可能な限り世界標準で考える」というものだ。東京標準で考えるから若者たちは東京を目指してしまう。しかし、世界標準で考えていれば、東京に出て行く必要はなくなる。あるいは出て行っても戻ってくることに躊躇《ちゅうちょ》がなくなる。

その若者に理由があって本当に必要ならばパリやニューヨークに行くのはかまわないが、ただ闇雲にあこがれだけで東京に行かせることはさせない。その判断が自分で出来るだけの体験を、豊岡にいる内にシャワーを浴びるようにさせる。城崎国際アートセンターは、その拠点の一つに位置づけられている。

他にも、演劇を使ったコミュニケーション教育の全校実施を目指して、二〇一五年度から少しずつモデル校を増やしている。豊岡市の教育の柱は、「ふるさと教育」「英語教育」「コミュニケーション教育」である。これらを組み合わせながら地域に応じた独自の取り組みを展開していく。

たとえば、城崎の小中学校では、城崎の魅力を英語劇にして、海外からの観光客に見せるといったプロジェクトが計画されている。山間の旧但東《たんとう》町では、中学生が修学旅行の際に、東京のアンテナショップで、豊岡、但東の魅力をプレゼンテーションする課題が課せられている。

古い城下町の風情を残し、いまは出石そばでも有名になった旧出石町。ここには、一〇〇年以上の歴史を誇り、現存する劇場建築としては近畿最古と言われる芝居小屋永楽館もある。近年は、片岡愛之助さんが、毎年歌舞伎を上演することでも話題を集めてきた。アートセンターで作られた作品の一部は、今後、この芝居小屋でも上演される。

夏の海水浴やシーカヤックが人気の旧竹野町。植村直己を生み、神鍋高原スキー場を抱える旧日高町。いずれも潜在能力のある町がアイデアを競っている。もちろん課題も多いが、おそらく、日本で最も成功した市町村合併の一つであろう。

## 未来へ

城崎温泉はここ数年、海外からの観光客を、毎年ほぼ倍増させてきた。二〇一五年に至っては、三万人を超える海外観光客が訪れている。

城崎温泉は小さな旅館の集合体なので、それぞれの旅館に英語のできる従業員を置くことは難しい。現実問題として、経営規模の小さな旅館では外国人観光客の受け入れは定員の半数までが限界なのだそうだ。その結果、旅館によっては海外向けの宿泊サイトを泣く泣く閉じるなど、せっかくのビジネスチャンスを逃してしまう現象まで生じている。

そこで豊岡市では、私が勤務する東京藝術大学、大阪大学と連携し、ソフトバンク社の協力も得て、各旅館にヒューマノイド型ロボット・ペッパーを配置し、そのソフト提供を行うことにした。

このプロジェクトは、短期的には話題作り、観光客への情報提供が目的となる。しかし、プロジェクトの本質は、そこではない。

すでにペッパーに代表される案内ロボットは、大企業の受付や空港などに配備され始めている。ただし、中小企業がこれを導入しようとしても、ソフトの開発にお金がかかりすぎて採算が取れない。そこで、ペッパー（あるいは他の案内ロボットでも）を、各旅館が導入する際に、豊岡市側が共通のソフトを開発し、それを提供していく。全国で、このような方式を採っているのは、今のところ豊岡市だけである。

現在、このペッパーはコウノトリ但馬空港、駅前の観光案内所、そして城崎国際アートセンターに配置され、日本語と英語を話し、城崎温泉のみならず、豊岡市内のすべての観光名所の案内が可能となっている。もちろん試験的な導入なので、まだまだ対応は未熟だが、自治体が継続してソフトを更新していくことでコミュニケーション能力は年を追って向上し、そのことで、将来的には、どんな小さな旅館でも、あるいは城崎以外の市内の観光地でも、持続可能な案内ロボットの導入が可能となる。現在は、二ヵ国語のみの対応だが、将来的には数ヵ国語（原理的には何ヵ国語でも）の対応を目指している。

またペッパーは、顔認証などが可能なので、たとえばある旅館で登録をすると、豊岡市内の他の観光地に行っても、「○○旅館にお泊まりの△△様ですね。お待ちしておりました」といったネットワーク型の対応も可能となる。もちろん、最初から、その人の母語で話しかけられるようになるのだ。

ペッパー導入は、比較的短期の対応の一つだが、長期的な戦略も並行して行っている。

城崎国際アートセンターでは、二〇一六年度より、カナダ・ビクトリア大学アジア太平洋学科日本語コースのサマースクールを誘致することになった。このスクールでは、カナダで日本語を学ぶ大学生たちにアートセンターに滞在してもらい、演劇的な手法を使った日本語教育の集中講義を受ける一方で、城崎の旅館での就労体験、旧日高町など山間部でのホームステイ、出石でのそば打ち体験といったように豊岡市の魅力を思う存分に味わってもらう。

さらに、この就労体験で興味を持ってくれた学生には、ビクトリア大学が別のプログラムとして持っている制度を利用して、四ヵ月のインターンシップを体験してもらう。

ビクトリア大学はカナダの西海岸にあるので、中国、韓国からの留学生も多く、実際に初年度のプログラムにも中国籍の学生が数名参加する。日本語、英語、中国語が堪能で、しかも日本文化に強い関心をもっている学生たち、城崎の旅館からすれば喉から手が出るほど欲しい人材が、向こうから積極的にやってきてくれるのだ。

旅館の若旦那衆は、インターンは、きちんとした給与を支払っても受け入れたいと言ってくれている。しかも、短期のサマースクールでのマッチングを経てからの長期滞在なので、さまざまなリスクも軽減できる。

これまで日本では、移民問題は、「入れる」「入れない」という二元論で扱われてきた。しかし欧州では、こんな議論はナンセンスだ。移民問題がもっとも深刻なフランスの大統領選挙でさえも、極右を除いては、右であっても左であっても、「どれくらい、どのように入れるのか」が議論され、争点となる。

日本もそろそろ「純血主義」と「人道主義」の空論から離れて（念のため書いておくが、移民ではなく「難民」は人道的な観点から、できる限り受け入れた方がいいと私は考えている）、現実的な移民政策について議論する段階に来ているのではないか。

城崎温泉を中心とした、この長期のプロジェクトは、その先例になるだろう。地域としては、どのような人に来てもらいたいか。そして移住する側も、どのような地域に暮らしたいか。そのマッチングを繰り返しながら、社会の秩序や治安を乱すことなく、少しずつ町を国際化していく。一筋縄ではいかない試みだが、時間をかけることによって、確かな成果が出ることを期待したい。

### 豊岡でいいのだ

お酒の好きな中貝市長は酔うとよく「ここでいいのだ。豊岡でいいのだ」と口走る。いや、酔っていないときも口にすることはあるのだが、酒が入るとその頻度が増す。

この「ここでいいのだ」は諦めのつぶやきではない。まさに『天才バカボン』のバカボンパパが「これでいいのだ」と力強く宣言するように、これは自己肯定の宣言だ。中貝市長は、アートセンターの初年度、自身のブログに以下のように書き記している。

城崎国際アートセンターが好調です。県から譲り受けた城崎大会議館をどう使うか。迷った末に、舞台芸術用に無償で貸し出すことにしました。劇団などが滞在し、作品を制作する場として最長3カ月間、施設を無料で提供します。

世界各国から多数の応募があり、今年度は、日本を含む6カ国、15の劇団の滞在・制作が決まっています。7月には俳優の片桐はいりさんらが、8月にはルーマニアのダンサーらが滞在しておられました。

9月は、日本を代表する劇作家平田オリザさんが、フランス人俳優らと約1カ月の滞在・制作中です。主演は、カンヌ国際映画祭女優賞受賞者のイレーヌ・ジャコブさん。10月4・5日に世界初演がアートセンターでなされ、その後フランス、ヨーロッパ各地で公演がなされる予定です。

6月、日本劇作家大会を誘致しました。劇作家、俳優、ファン等が集まり、延べ7千人を超える参加者で活況を呈しました。竹下景子さん、渡辺えりさん、佐野史郎さん、辰巳琢郎さんらも参加されました。「豊岡市長殺人事件」が起きたのもこの大会でした。日本中から人々が豊岡に集まったこの期間中に、改めて感じたこと。それは、ここでいいのだ、という確信です。

これまで、多くの人びとが「上り列車」に乗って故郷を離れ、そのほとんどは帰ってきませんでした。地方は衰退し、誇りも失っていきました。しかし今、豊岡は小さな世界都市に向けて着実に歩んでいます。コウノトリ野生復帰は世界から高い評価を受けています。山陰海岸ジオパークは世界的価値を認められました。アートセンターも輝き始めました。

素敵なところは世界にたくさんある、そのことは良く知っています。しかし、その上でなお、私たちは、豊岡でいいのだ。私たちはこの地に誇りを持ち、この地で決然と生きていくのだ。その覚悟を強く持ったのでした。

（豊岡市ホームページ「中貝市長の徒然日記」二〇一四年九月二五日の市報より転載）

これまでの「まちづくり」「まちおこし」に決定的に欠けていたのは、この自己肯定感ではなかったか。雇用や住宅だけを確保しても、若者たちは戻ってこない。ましてIターンやJターンは望むべくもない。選んでもらえる町を作るには、自己肯定感を引き出す、広い意味での文化政策とハイセンスなイメージ作りが必要だ。

二〇一五年一〇月に豊岡市を訪れたネット編集者の中川淳一郎さんは、長い旅行記の最後に以下のように記している。

こうして濃厚な2日間を送ったのですが、いやはや、移住したい気持ちって湧くものですね。私の場合は「釣り」「農業」「クワガタ」という3つが達成できつつ、時々文章を書くような生活をしたいと考えているわけであります。

豊岡市及び城崎温泉の場合は、いずれも達成できそうな場所であり、食べ物もおいしいし、それなりのリベラルさもあるように感じられます。なんといいますか、ずっと都会で過ごした者としては、「村八分」とかを極度に恐れているわけでした、そういったものがない「ほどほどの距離感と地元感」みたいなものが感じられるのでした。住んでみなくては分からないものの、居心地の良さを感じるとともに、若い人が鞄作りに勤しむ姿や城崎アートセンター及び豊岡劇場の行う新規性の高い取り組みには「センスいいじゃん」と思ったものです。

（『ぐるなび』【中川淳一郎の「今も飲んでいます」第九回】より抜粋）

「それなりのリベラルさ」や「センス」は、一朝一夕では生まれない。そのことに、いま気がついている自治体と、従来ながらの「まちおこし」に勤しんでいる自治体とでは、二〇年後、三〇年後に大きな差が出るだろう。

私は、二〇一五年、城崎国際アートセンターの芸術監督に就任するにあたって、以下のような宣言文を書いた。

城崎の湯は 古《いにしえ》 より
疲れたものを癒し、
病んだものを治し、
働くものに力を与え、
新しい生命を育んできた。

城崎の宿は長い間、
諸国の文人を招き、
墨客をやしない、
政争から逃れたものを匿い、
一時の安らぎを与えてきた。

いま、この街に
新しい創造の場ができつつある。

やがて、この場所から、
21世紀の『城の崎にて』が、
次々と生まれることだろう。

世界中の文人墨客が、
この街を訪れる。
この街にあこがれる。
かつて海内第一と呼ばれた城崎は、
やがて、世界のKINOSAKIになる。

ここに育つ子供たちは、
この街で世界と出会う。

# 第三章　学びの広場を創る——讃岐・善通寺

## 四国学院大学

僧空海がうまれた讃岐のくにというのは、茅渟《ちぬ》の海をへだてて畿内《きだい》に接している。野がひろく、山がとびきりひくい。野のあちこちに物でも撒いたように円錐形の丘が散在しており、野がひろいせいか、海明かりのする空がひどく開豁《かいかつ》に見え、瀬戸内に湧く雲がさまざまに変化して、人の夢想を育てるにはかっこうの自然といえるかもしれない。

(『空海の風景』司馬遼太郎・中央公論新社)

香川県善通寺市は、言わずとしれた弘法大師空海の生誕の地であり、いまも総本山善通寺があって、多くの善男善女を集めている。

『坂の上の雲』のなかでも「善通寺」は数える暇もないほどに頻繁に出てくる地名である。四国最強とうたわれた善通寺連隊がここにあった。初代師団長は乃木希典。やがて旅順要塞・二〇三高地攻略の主力部隊となり、そのため『坂の上の雲』では、数頁に一度の割合で、この地の名前が登場する。

いまもこの善通寺には陸上自衛隊の旅団司令部があり、阪神・淡路大震災の際には、この部隊が最も早く被災地に駆けつけたと言われている。

縁あって私は、この善通寺市にある四国学院大学に新しく演劇コースを作るお手伝いをしてきた。弘法大師三大霊場の一つである善通寺のお膝元に、米国南部長老教会系のミッションスクールがあるというのも不思議な風景なのだが、ここに、中四国地区初の本格的な演劇コースを作ることになった。

そもそも学長が「これからはコミュニケーション教育が大事だ」と考え、ネットで検索をして、私が大阪大学で行っている授業に関心を持ち、わざわざ自ら見学に来たことから話が始まった。

アメリカの大学は、そのほとんどがリベラルアーツ（教養教育）を基軸としており、そこには必ずと言っていいほど演劇学科が設置されている。この演劇学科は、もちろん専攻生向けの授業も出すが、それ以外に、他学部他学科向けにコミュニケーションに関わるような授業も出している。副専攻で演劇をとっている学生も多くいて、医者や看護師やカウンセラーなど、対人の職業に就く者は、それを一つのキャリアとさえしている。

私はこれを称して、「日本では、大学で演劇をやっていたなどと言うと就職できないが、アメリカでは演劇をやっていたことで就職が有利になるのだ」とうそぶいてきた。しかし、こういった戯《ざ》れ言《ごと》も、何百回も言い続けるとやがて真実味を帯びてくる。風向きが変わってきたのだ。

たとえば、四国学院大学では、幼保（幼稚園の先生や、保母さん保父さん）や教員養成課程にも、少しずつ演劇教育を取り入れることになった。隣の岡山県の私立幼稚園連盟での講演会でこの話をしたところ、多くの園長先生たちから、きわめて高い関心をいただいた。それはそうだろう。一つの幼稚園に一人でも、ダンスの振り付けが出来たり、照明や音響にも詳しい先生がいれば、発表会のクオリティは確実に上がる。発表の順番や進行をほんの少し工夫するだけでも、保護者の感動を倍加することができる。現場を抱える園長先生たちなら、そういったことは直感的に理解できるというわけだ。

話を戻そう。

在米経験の長い学長は、その場で私の話をすぐに理解した。ちょうど、学部・学科の再編の時期にあたっており、「身体表現と舞台芸術マネジメント」というコースを作ろうとしている矢先だった。このコースは、主にマネジメントを扱う予定だったようだが、「そういうことならば」という学長の即断で、実技を中心とした中四国地区初の演劇コースが誕生することになった。まず、とにかく見に来てくれと言われて訪れたキャンパスには、すでに立派な小劇場があり、一〇年前にゼロからスタートさせた桜美林大学の演劇コース（この話は拙著『芸術立国論』（集英社新書）に詳しい）に比べれば恵まれた環境にあった。

まず桜美林の時と同じように、この演劇コースのスローガンは、「地域の文化活動を担える人材を育成する」とした。進学してくるのは、ほとんどが俳優志望（あるいは声優志望）の生徒たちだが、しかしみなが俳優になれるわけではない。俳優になれなかったとしても四年間、大学で演劇を学んだことが、その学生の人生を豊かにし、また実際の就職にも結びつくようなカリキュラムを組まなければならない。それが、リベラルアーツにおける演劇教育の主眼である。

基本的に、このコースの履修生は全員、演技だけではなく、照明や音響といった技術的な事柄や、マネジメントなども学んで総合的な力をつける。理想としては、地域の公共ホールの職員や、アート系のＮＰＯのスタッフとして就職していく学生が多く出てきてくれればありがたい。

また、人口三万三〇〇〇人、ＪＲで高松から一時間、それも一時間に二本という地理的ハンデを克服する工夫も必要だった。

そこで、大学側と相談を重ね、語学などの基礎科目をできる限り月曜日から木曜日までに集中してもらい、金・土・日の週末三日間を使って、東京から一線級の講師を呼んで集中講義を行うこととした。この授業を組み合わせれば、単位授与には十分な時間数になる。四国、中国地区は高校演劇の盛んな地域だが、これまでは演劇を続けて学びたい生徒たちは、大阪か東京に出て行くしかなかった。それが、四国にいながら、最先端の演劇の授業を受けられるようになった。あまりに豪華な講師陣を揃えたために、初年度は、「この人たちは、本当に授業をやっているのですか?」と高校の先生方が訝《いぶか》しむほどであった。

四国の片田舎というハンデは、逆に長所でもあった。一八歳の子どもを東京に送り出す、まして演劇をやらせるというのは、どの親にとっても心配事が多いだろう。三〇年以上演劇をやっている私から見ても、「それは心配だろうなぁ」と思う。四国学院大学ならば、美しいキャンパス、治安のいい環境(何しろ周りは自衛隊とお寺しかない)で、演劇と勉強に集中できる。試算では、東京の私立大学に行かせるのに比べると、学費と生活費や帰省費用の総計は、半額程度で済むことも分かった。いまでは、経済的な理由で、この大学の演劇コースを志望する学生も多い。

他にも、様々な工夫がある。

年に二回は東京からトップクラスの演出家を呼んで、大学に一ヵ月以上滞在してもらい、学生と一緒に舞台を創り有料で公演を行う。これは発表会の域を超えて、毎回、地元の方たちにも楽しんでもらえる水準の作品になっている。

関西公演のある劇団などに声をかけて、善通寺まで回って公演をうってもらう。年に数回は、プロの劇団の公演を観られるし、学生たちも裏方を手伝う経験ができる。もちろん、これらの公演も地域に開放している。香川県下の高校演劇部はもちろんのこと、岡山、松山からも多くの観客が訪れるようになった。

夏休みや春休みには希望者を募って、東京に観劇合宿に行く。私の劇団の稽古場に雑魚寝をして、毎日、二、三演目を見て回り、帰ってくると遅くまで感想を語り合っている。

こうして、コース設立五年目にして、すでに四国各県や岡山、広島はもとより、長野や沖縄からも学生が来てくれるようになった。地方であること、不便であること、規模が小さいこと、人口が少ないことは、ハンデではない。いや、知恵と情熱によっては、そのハンデをプラスに転化することができる。

最近では、韓国、フランス、ドイツなどのアーティストも招いて、上演や授業を行ってもらっている。この大学にいながら、十分な国際性も身につけられる。

私は、四国学院大学の演劇コースに通う学生たちに、何よりも誇りと自信を持ってもらいたいと願い、カリキュラムを編成してきた。それは、先の豊岡市の章で書いたのと同様に「ここでいいのだ。私たちは善通寺で世界の演劇を学ぶのだ」という誇りである。『坂の上の雲』にも引用されている、私が大好きな正岡子規の短歌がある。

**世の人は四国猿とぞ笑ふなる**
**四国の猿の子猿ぞわれは**

病身で、六畳の居室から俳句・短歌の革新を目指した子規の心意気がうかがえる。四国学院の学生たちには、子規と同じだけの誇りを持ってもらいたいと願っている。

## 大学入試改革

これまで幾度か文中にも登場してきた演劇を使ったコミュニケーション教育については、前掲の『わかりあえないことから』で詳しく紹介してきた。
こういった小中学生向けの授業やワークショップをはじめて、早いものでもう二〇年近くになる。活動の初期のころと比べると、参加型、ワークショップ型の授業の広がりについては隔世の感がある。特に、東京を中心とした中高一貫の進学校などでは、こうした取り組みをしていない学校を見つける方が難しいほどだ。

この流れには様々な理由がある。まず、今世紀に入って、教育界の意識が、従来の知識偏重から、PISA型と呼ばれる「生きる知恵」を重視する方向に、少しずつ変わってきたという点。

PISA調査は、OECD（経済協力開発機構）が三年に一度行っている世界共通の学力試験で、ここでは、以下のような能力が問われると言われている。

・習得した知識や技能を、実生活の様々な場面で直面する課題にどの程度活用できるか。
・図表・グラフ・地図などを含む文章（「非連続型テキスト」という）を読み込み、活用する能力。
・ただ回答をするのではなく、なぜそう考えたか、答えを出すための方法や筋道を説明する能力。
・情報の取り出し、解釈・理解、熟考・判断、そして、その結果としての自分の意見を、他者に向かって表現する能力。

そして、この流れをさらに決定的にしたのが、文部科学省が打ち出した大学入試改革だった。

予定通りに進めば、二〇二〇年一月を最後にセンター試験が廃止され、きわめて簡単な基礎学力を問う一次試験と、潜在的な学習能力を問う大学ごとの二次試験という形態がとられることが予想される。さらに、中央教育審議会は先の答申案のなかで、

・センター試験を廃止し「大学入学希望者学力評価テスト（仮称）」を二〇二〇年度から導入する
・思考力を重視し教科の枠組みを超えた問題を出題する
・各大学の個別試験は小論文や面接、集団討論などを取り入れて多面的に評価する

といった方針を打ち出している。

「潜在的な学習能力」すなわち、大学に入ってからどれだけ伸びるかを試験の段階で見ろ

というのだ。あるいは、「思考力を重視し教科の枠組みを超えた問題」とはいったい、どういった内容になるのだろう。文科省は、そこで問われる能力として、従来から言われてきた「思考力」「判断力」「表現力」などの他に、新たに「主体性」「多様性（あるいは多様性理解）」そして「協働性」を掲げている。各大学は、これらを見極める二次試験を実施しなければならない。

改革がなし崩しになる日本の通例から考えて、実際の変革がどこまで進むかは分からないが、東大・京大といった先進校で、二次試験を面接だけで済ませるということにはならないだろう。「協働性」を測る試験としては、最低でも、なんらかのテーマ設定をしたうえでのグループディスカッションなどが実施されるのではないか。文科省は、改革の取り組みが遅れた大学には補助金を削減することも検討しているようなので、ある程度、各大学とも真剣に取り組むだろう。実際、すでにこういった傾向は、先進的な大学では、検討、前倒し実施も進んでいる。

## 大阪大学リーディング大学院選抜試験

私は大阪大学の大学院で、リーディング大学院と呼ばれるリーダーシップ教育の選抜試験の担当をしてきた。このリーディング大学院はリーダーシップ教育を主眼として、選抜されれば五年にわたって毎月二〇万円前後の奨学金が支給され、長期休暇中には語学研修に行ったり、途上国でボランティア活動をしたりといった様々なプログラムが用意されている。

このプログラムは文科省の目玉施策の一つであり、比較的大きな予算もついていた。私はこの担当者として、せっかく大きな研究費を使えるのだから、日本どころか、世界でも最先端の選抜試験ができないものかと考え、海外の先進校の入試も研究し、毎年の選抜プログラムを構成してきた。

まず私は、この選抜試験を任されるにあたって、担当チームの教員たちに「『宇宙兄弟』というマンガを全巻読んでください」とお願いした。映画にもなったこの名作マンガは、JAXAおよびNASAの選抜試験の様子が細かく描かれている。それは、成績上位者を単純に合格させる試験ではなく、命のやりとりができる「仲間（クルー）」を選んでいく試験である。

私は同僚たちに、以下のような説明を行った。

「従来の日本の入試は、その学生の、その時点での知識と情報の量を問うて、上から順番に定員を切って選抜してきました。しかし今回のリーディング大学院は、選抜されれば五年間、専攻科目を超えて集団活動を行い、また途上国や限界集落に行くといった研修プログラムも予定されています。ですからここでは学力の順位だけではなく、全体としてクルー（仲間）を選ぶような選抜試験を実施したい」

たとえば、ある年の選抜試験は、次のような内容だった。

**一日目**

・大阪大学全学二〇〇〇人の大学院修士一年生から希望者を募り、書類審査、面接を経て最終試験に残った四〇名の学生が、早朝、阪大豊中キャンパスに集められてバスに乗り、近郊の宿泊研修施設に移動。
・会場到着後、オリエンテーション。
・昼食後、私自身によるアイスブレークのためのコミュニケーションゲーム。
・午後二時から三時間、臓器売買に関する様々な資料（英語を含む）を渡され、それについての小論文の執筆。
・夕食後、八人一組のチーム編成が発表され、私の指導によってグループで演劇創作を行う。各グループには担当教員が二人ずつ張り付いて、その話し合いの過程が評価される。各グループは、人物設定など、いくつかの関門で私のチェックを受ける。この日は午前零時まで、だいたいテーマ設定と登場人物の配置を決め、プロットの作成に取りかかるところまでで終了。

**二日目**

・午前中、六人一組の別の小グループに分かれ、他のメンバーが前日に書いた小論文を読み合い、その後にグループディスカッション。最終的に、ニューヨークタイムズに臓器売買についての意見広告（肯定／否定は問わない）を出すための文章をグループで作成する。

・午後、演劇創作の続き。ただし、創作中に一人ずつ呼び出されて、午前中までの小論文、ディスカッションについての口頭試問。

・夜、引き続き、演劇創作。台詞の作成から稽古まで。

**三日目**

・午前中、創作劇を発表。
・午後、個別の最終面接。
・本選抜試験の出題意図などを解説したあとに解散。

先にも記したように、この試験は、従来型の知識や情報の量だけを問うものではない。また、いま流行りのロジカルシンキングやクリティカルシンキングだけを要求するものでもない。右脳と左脳をシャッフルさせながら、個別の活動と集団の活動を交互に行い、その切り替えの能力も試されている。集団活動においては、問題を発見し、共有し、検討し、優先順位をつけて処理し、また必要に応じて軌道修正していく過程が評価される。

さらに、私たちが本当に見たいのは、たとえば、疲れていても他人にやさしくなれるか、自分と価値観の異なった意見にも耳を傾けることができるかといった寛容さや知的体力。またあるときは地道な作業にも献身的に参加し、あるときは局面打開のために創造性豊かな発言を行うといった柔軟性。様々な欲求、要望がぶつかる中で、どうにか折り合いをつけていく合意形成能力。

もちろん、そのすべての能力を持っている必要もない。構成メンバーの得意・不得意を互いに把握し、役割分担をしていくこともリーダーの大事な素養だ。

実際、この試験の初日の夜には、演劇を創るためのグループディスカッションがうまく行かず、喧嘩をし始めたチームが出た。そのチームは、試験中であるにもかかわらず、私から以下のような注意を受けた。

「この試験は四〇人から二〇人を選ぶ最終試験です。この八人のチームから、平均でも四人が選抜されます。チームのパフォーマンスが上がれば、その数は増えるでしょう。そんなことは、君たちほどの能力を持っていれば、すぐに理解できたはずです。何を見られているのか、よく考えて試験を受けなさい」

ただ興味深かったのは、翌日、この喧嘩したメンバーの一人は、別のグループディスカッションの際に、冒頭で、

「オレ、かっとなる方だから、今日は書記に回るよ」

と見事に軌道修正をした。こういった柔軟性も、当然、評価の対象になる。

他の年も、映画を作る試験や、朝永振一郎先生が一九四九年に書かれた『光子の裁判』という光の性質をあらわした戯曲を読ませて、それを紙芝居にするといった試験も行って

きた。

先に示した喧嘩してしまったグループは、典型的な、全員がリーダーシップをとろうとして失敗したケースである。私は、その年の最後の総括では、受験生たちに次のような話をした。

「君たちの歳では、まだ読んでいないかと思うけど、『坂の上の雲』という国民文学があります。テレビドラマになったから、そちらを観た人は多いでしょう。あのドラマの主人公、秋山真之は、東郷平八郎や乃木希典のような将軍ではありません。一介の作戦参謀です。しかし、世の中には、『参謀の楽しみ』というものもある。作戦を立て、その作戦の利点と欠点を明晰に示して、リーダーの判断を仰ぐ。作戦を遂行し、その責任をとるのは将軍ですが、参謀には別の快楽がある。もう大学院を卒業するみなさんは、そういった別のリーダーシップの在り方も、そろそろ身につけていった方がいい」

## 三位一体改革の本質とは何か

文部科学省は、大学入試だけではなく、高校教育／大学入試／大学教育を一挙に改革しようともくろんでいる。これを「高大接続改革」あるいは「三位一体改革」と呼ぶ。

もちろん、この改革には賛否あり、改革は多岐にわたるので優れた点もあれば首をかしげざるを得ない部分もある。また、その改革が、本当にどこまで進むのか疑問視する向きも多い。

現在、大学入試改革については、センター試験に取って代わる「学力評価テスト」の制度設計が曖昧で、こちらの方ばかりが議論の的となり、マスコミでも取り上げられている。しかし、本当に改革が進めば、問題は各大学が実施する二次試験の方になるだろう。

この大学入試改革の本質とは何か。

いま、ハーバードやＭＩＴ（マサチューセッツ工科大学）、あるいは日本の京都大学でも、授業内容のインターネットでの公開を始めている。せっかく大学に入って授業料も支払っているのに、その内容がインターネットで見られるというのは、どういうことだろう。

要するに、もはや、そこで得られる知識や情報＝コンテンツは世界共有になってしまったのだ。かつては、東京に行かなければ得られない知識、あるいはパリやニューヨークまで行かなければ得られない情報というものが確かにあった。しかし、いまや、どんな情報も知識も、インターネットで簡単に手に入れることができる。そのことを大前提にしつつ、それでも「ここで、共に、学ぶ」ことが重要な時代になってきたのだ。もはや、学校の、少なくとも大学以上の高等教育機関の存在価値は、新しい知識や情報を得る場所としてではなく、共に学び、議論し、共同作業を行うという点だけになった。

だとするならば、大学側も、どのような学びの共同体をそこに実現するかを、きちんと公表していかなければならない。どんな学生に来て欲しいのかを示すと共に、どんな教職員がそこにいて、そこにどのような「学び」が実現するのかを、はっきりと示していかなければならない。こういった事柄を開示する文章を「ミッションステートメント」と呼ぶ。たとえば私は、桜美林大学に演劇コースを開設するにあたって、章末に収録したようなミッションステートメントを書いた。

こういったミッションステートメントをしっかりと提示し、そこから逆算した入学試験を実施することが、各大学に求められている。「三位一体改革」の本質はここにある。このミッションステートメントの公表は、文部科学省も大学入試改革の一環として明示している。

## 四国学院大学の新しい試験制度

四国学院大学でも、二〇一五年度より、入試制度改革の前倒し実施を行うこととなった。

まずは混乱の少ない指定校推薦の選抜から、希望者のみを対象に、この新制度入試を実施した。以下は、私がこの新制度入試実施にあたって、高校生向けに書いた呼びかけ文である。

**四国学院大学は、ここに、共に学ぶ仲間を探しています**

四国学院大学は、新しい大学の在り方と、それに伴う新しい大学入試を提言します。これまで、日本の大学入試は、受験生がその時点で持っている「知識や情報の量」を問うものでした。

四国学院大学は、全国の大学に先駆けて、皆さんが大学に入ってからどれだけ才能を伸ばせるか、多くの教員や友人と出会う中で、どれだけ人間として成長できるか、その潜在的な能力を見る試験へと大きく舵を切りたいと考えています。

四国学院大学は、これまでにも、多様な学生を受け入れることを目的とした「特別推薦入学選考制度」や「文化の多様性」枠を導入するなど、「人が生涯にわたって必要とする、豊かな人間性の醸成に寄与する教育を行う」という建学の精神を根幹として、様々な入試制度の工夫を行ってきました。しかし、その選抜方法自体は、書類審査と面接が主軸であり、必ずしも個人の能力を探る内容にはなっていませんでした。

そこで本学では、今までの取り組みを継承しつつ、２０１６年度入試において、さらに本格的な入試改革を開始します。この「推薦入学綜合選考」は、受験者の「主体性・多様性・協働性」を適切に評価することを目的とします。

具体的には、別表のように、まずアウトプットをきちんと意識したグループワークが課されます。また、その後に、そのグループワークを振り返りながら行う、個別のインタビューを実施します。

人が生きる共同体には、様々な個性が必要です。「独創的なアイデアで組織を引っ張っていく人」「豊富な知識を持ち何でも相談に乗ってくれる人」「組織が危機に瀕したときにユーモアで人々を鼓舞できる人」「地道な作業をいとわず組織に貢献できる人」「バランスよく、人と人とをつないでいける人」……。私たちは、この新しい入試制度を通じて、皆さん一人一人の長所を発見し、４年間、共に学ぶ仲間を集めていきたいと願っています。そのために、少人数教育を最大の強みとする本学ならではの、きめ細かな入学試験を、時間をかけて行います。

また、この新規「推薦入学綜合選考」は、大学入試であると同時に、四国学院大学での学びの第一歩だと私たちは位置づけています。本選考を通じて、私たち教職員は、できるだけ深く多面的に皆さんのことを理解したいと願っています。

その上で、大学入学までに足りない部分、さらに伸ばしてほしい部分を指導していきます。さらには入学後の初年次教育やキャンパス・ライフのサポートに、切れ目なく連結接続させて、一人一人の能力に合った大学生活へとつなげていきます。

そして同時に、受験生の皆さんにも、この大学入試を通じて、四国学院がどんな学びの仲間を欲しているかを知ってもらえればとも願っています。

本選考において優秀な成績を収めた学生には、奨学金支給など特典も用意しております。ぜひ、積極的に、この新入試制度に参加してください。

さらに、想定される試験内容も「別表」として公開した。以下は、その内容。

**＊＊グループワークの事例**

インプット（理解）とアウトプット（表現）を意識した課題を出題します。

たとえば、単なるグループディスカッションではなく、

1．論文を読ませる（インプット）

2．グループディスカッション

3．新聞に意見広告を出す（アウトプット）

といったように、きちんと目標を定め、タイムキープを行い、協働性を観察します。

また、その際に、できる限り手作業や体を動かす要素を入れて、実際に共同作業ができるかどうかを観察します。

グループワークは6名から8名を1グループで想定しています。

**＊＊想定される課題**（**実際の出題とは異なります**）

・レゴで巨大な艦船を作る。

・昨今、小学校での組み体操の危険性が指摘されているが、実際に組み体操をやってみて、その危険度や対策を協議する。

・小説の一部分を切り取って、小学生向けの紙芝居を作る。
・AKB48とももいろクローバーZのダンスを実際に踊ってみて、それぞれのビジネスモデルの違いを討議し、新しいアイドルのプロモーションを考える。
・四国の観光プロモーションビデオのシナリオを作る。

***評価の基準

グループワークの過程を評価するものであり、アウトプットは評価の対象となりません。たとえば、演劇を作るという課題が出たとしても、演技のうまい生徒が評価されるわけではありません。

想定される評価基準は以下の通りです(課題によって、毎年、評価基準は変わります)。

・自分の主張を論理的、具体的に説明できたか。
・ユニークな発想があったか。
・他者の意見に耳を傾けられたか。
・建設的、発展的な議論の進め方に寄与できたか。
・タイムキープを意識し、議論をまとめることに貢献したか。

・地道な作業をいとわずに、チーム全体に対して献身的な役割を果たせたか。
各項目を4段階評価で採点し、その総合点と、面接での採点を基準に合否を決定します。

**＊＊＊インタビュー（口頭試問）**

グループワークのあとにインタビューを行います。

従来型の面接は紋切り型の質疑に終始し、また本音を引き出そうとすると圧迫面接に陥る危険をはらんでいます。この新試験におけるインタビューは、先に行われたグループワークについての感想や反省から出発して、受験生の本音や潜在能力を丁寧に見ていくことを目的としています。

想定される質問は、以下のようなものです。
・グループワークにおいて、印象に残った他者の発言。
・あと30分あったら、どんなことができたか。
・どのようなところが難しいと感じたか。

実際の試験の実施にあたっては、大学の一年生たちに協力してもらって、事前に教員向けに模擬試験を行った。その結果を踏まえ、進行方法や評価基準に修正を加えながら、二〇一五年秋から冬にかけて、合計四回の新制度入試が実施された。一回に見られる学生の数が限られるので、出題設定者は、いくつもの問題を用意しなければならないのだ。

実際に実施された設問は左記の通り。

さらに、この試験会場の各教室には、パソコンが二台置いてある。受験生たちは、これで自由に検索が出来るようになっている。要するに、もはや「鎌倉幕府が何年に誕生したか」あるいは「元素周期律表」といった事柄を記憶している必要はない。そんなものは知りたければいつでも検索できる。問題は、「何を検索するか」「どう効率よく検索するか」の方だろう。しかも、この部屋にはパソコンは二台しか置いていない。だから当然、「誰が検索をするか」「その情報をどう使うか」といった役割分担や、原初的な情報処理能力も問われることになる。

先に高校生向けの呼びかけ文の中にも記したように、私たちは、この入学試験を「大学が生徒を選ぶ試験」から「生徒の特性を見極める試験」への転換だと考えている。また、香川県下、四国広域の教育関係者に、広くこの内容を公開し、必要に応じて、大学内、特

〈問題1〜3までのための1枚目の問題プリント〉

これから皆さんには、別室に移ってディスカッションドラマを創ってもらいます。

ディスカッションドラマというのは、文字通り、ディスカッション（議論）の様子をドラマにしたものです。

人の出入りや動きなどは、あまり必要ありません。

何についてのディスカッションをするかは、別室に移ってから問題用紙が渡されます。

これは発表の成果を問う試験ではありません。演技のうまい学生が得をするような試験ではありません。

ただし、発表についても、あとのインタビューで質問されると思いますので、発表もベストを尽くして行ってください。

〈問題1〉

以下の題材で、ディスカッションドラマ(討論劇)を創りなさい。

2030年、日本の財政状況はさらに悪化し、ついに債務不履行（デフォルト）を宣言する直前まで進みました。日本国政府は国際通貨基金からの支援を受け入れることとなり、その条件として厳しい財政健全化策をとることとなります。

国際通貨基金からの要請の一つに、多大な維持費がかかる本四架橋のうち2本を廃止し、1本だけを残すという提案がありました。

関係各県を代表して、どの橋を残すかを議論するディスカッションドラマを創りなさい。

登場する県は、香川県、徳島県、愛媛県、兵庫県、岡山県、広島県になります。

他に議長役を一人登場させてください。

各県の代表は自分の県に関係する橋を残すための意見を主張すると共に、他の県、他の橋について的確な攻撃を加えてください。

その攻撃に対して、反論も考えてください。

また議論の最中に、妥協案を提案する県などがあってもかまいません。

発表の時間は、8分から15分としてください。

〈問題2〉

先日、TPP（環太平洋戦略的経済連携協定）が、長い交渉の末、大筋合意に達しました。しかし、この協定は、国内にも様々な議論があります。

TPPに関して、それぞれの利害関係者を代表する登場人物を考え、この協定を巡るディスカッションドラマを創りなさい。

登場する人物は、たとえば、

・TPP反対の農業関係者
・TPPに条件付き賛成の農業関係者
・TPP賛成の企業
・TPP反対の企業
・TPPに条件付き賛成の企業（複数でも可）
・アメリカ人、オーストラリア人、ベトナム人など各国の人

他に議長役を一人登場させてください。（以下、同文）

〈問題3〉

2020年の東京五輪では、追加種目が認められることになっており、現在、5つのスポーツが候補として残っています。この中から国際オリンピック委員会（IOC）が種目を決定します。その交渉の過程をディスカッションドラマにしなさい。

登場する人物は、各競技の団体の代表者

・野球、ソフトボール
・空手
・ローラースポーツ（スケートボード）
・スポーツクライミング
・サーフィン

他に議長役を、必ず一人、登場させてください。

これまでの選考の過程で候補から落ちた他の競技を登場させてもかまいません。（以下、同文）

〈問題4〉
・「桃太郎」を題材にして、紙芝居を創りなさい。
・小学校2年生くらいを対象として想定してください。

内容を、現代風にアレンジしてもかまいません。特にラストシーンが、原作のままでいいかは、よく議論してください。
・いまの小学校2年生が楽しめる作品にしてください。
・発表の際は、ナレーター、桃太郎、犬、猿、キジなど、それぞれ役を決めて、全員が何かの台詞を言うように構成してください。
・60分で作品を完成させなければなりません。時間配分や役割分担を、しっかり考えてください。
・発表の時間は、5分から12分としてください。

に演劇コースの開設以来培ってきたアクティブラーニングの手法を教授し、高校の授業改革のお手伝いもすると宣言している。まさに入試改革をテコにして、高大接続の改革を進めているのだ。

四国、讃岐平野の片隅で、地方の小規模大学が生き残りをかけた最先端の大学入試改革が始まっている。

**地域間格差の恐れ**

先にも少し触れたが、このような入試改革に関わる中で、私自身、諸外国の大学入試の実例を多く研究してきた。そこでは、四国学院が例題として掲げたようなユニークな試験がすでに実施されているわけだが、おもしろいのは、各大学の試験担当者が口を揃えて、「受験準備のできない設問を毎年考えるのが難しい」と言っている点だ。

日本においても、このまま大学入試改革が進めば、「受験準備ができない設問」が毎年出されるようになる。これを高校側から見ると、「受験対策、進路指導のできない入試になる」ということを意味する。

これまでは、「香川大に入るには英単語三〇〇〇は覚えなさい。阪大を目指すなら四〇〇〇。京大を目指すなら五〇〇〇」といった受験対策がなされ、その成果に応じて模擬試験でA判定、B判定といった判断が下され、それに基づいて進路指導が行われてきた。その構造が崩れるのだ。考えてみて欲しい。「八人一組でレゴで巨大な艦船を作る」といった試験に対してA判定だのB判定だのを出すということ自体がナンセンスだ。

要するに、いまの流行り言葉で言えば「地頭」を問うような試験に変わっていくということだ。これは、短期間の、知識詰め込み型の受験勉強では対応できない。小さな頃から、文科省も掲げるところの思考力、判断力、表現力、主体性、多様性理解、協働性、そういったものを少しずつ養っていかない限り太刀打ちできない試験になる。このような能力の総体を、社会学では「文化資本」と呼ぶ。平易な言葉に言い換えれば「人と共に生きるためのセンス」である。

この文化資本の格差の問題は、『新しい広場をつくる』のなかでも多くの頁をさいて分析をしてきた。いま一度、かいつまんで説明をすれば、それは以下のような問題を含んでいる。

文化資本、とりわけセンスや立ち居振る舞いなどの身体的文化資本は、おおよそ二〇歳くらいまでに決定されると言われている。分かりやすい例は「味覚」だろう。味覚は、幼児期から一二歳くらいまで（最も早い説では三歳まで）に形成されると言われている。幼児期からファストフードなど刺激の強い、濃い味付けのものばかり食べ慣れていると、舌先の味蕾《みらい》がつぶれて、細かい味の見分けができなくなるそうだ。音感なども、比較的、早い段階で形成される能力だろう。言語感覚などは、もう少し長期で形成されるだろうが、子どもの頃からの読書体験や言語環境が、子どもの成長に大きな影響を与えることは想像に難くない。

この身体的文化資本を育てていくには、本物に多く触れさせる以外に方法はないと考えられている。それはそうだろう。子どもに美味しいものと不味いものを交互に食べさせて、「どうだ、こっちが美味しいだろう」と教える躾《しつけ》はない。美味しいものを食べさせ続けることによって、不味いもの、身体に害となるものが口に入ってきたときに、瞬時に吐き出せる能力が育つのだ。

骨董品の目利きを育てる際も、同じことが言えるようだ。理屈ではなく、いいもの、本物を見続けることによって、偽物を直感的に見分ける能力が育つ。

しかし、そうだとしたら、現在の日本においては、東京の子どもたちは圧倒的に有利ではないか。東京、首都圏の子どもたちは、本物の（世界水準の）芸術・文化に触れる機会が圧倒的に多い。

もう一点、この文化資本の格差は、当然、貧困の問題と密接に結びついている。たとえば、いま全国の小中学校で「朝の読書運動」が広がっている。教員は生徒たちに、「何でもいいから本を持って来なさい。どうしても本が難しければ、はじめは漫画でもいいよ」とやさしく声をかける。しかし現実には、家に一冊も本がないという家が、多く存在するのだ。これなどは端的に分かりやすい文化資本の格差である。

教育の格差と貧困の問題が直結していることは、ここ数年、多くの人によって語られ、社会問題化してきた。しかし、この文化資本の格差の方が、今後、より大きな問題になるだろうと私は予測している。まず第一に、この文化資本の格差は発見されにくい。教育の格差なら、多くの場合、「この子は頭がいいのに、家が貧乏で進学できないのはかわいそうだな」と誰もが感じる。いまは先進国中の最低水準だが、徐々に奨学金なども整備されていくだろう。

しかし、文化資本の格差は発見されにくい。親が劇場や美術館やコンサートに行く習慣がなければ、子どもだけでそこに足を運ぶことはあり得ない。そして、その格差は、社会で共有されにくい。

地域間格差と経済格差。この二つの方向に引っ張られて、身体的文化資本の格差が加速度的に、社会全体に広がっていく。

さらに、ここまで見てきたように、この文化資本の格差が、大学入学や就職に直結する時代がやってきている。放置しておけば、この格差は負の連鎖となって、日本の社会に大きな断絶をもたらすだろう。


ここまでのことを地方都市の講演会で話すと、「いや、しかし地方には豊かな自然が残っていて、そこで育まれる感性もあるのではないか?」といった反論が出てくる。私も、それは一理あると思うし、そうであって欲しいとも願う。

しかし、現実はどうだろう。

たとえば、いまどき、「貧乏な家庭には、貧乏だからこその工夫や知恵が生まれるのではないか。貧乏も悪くないし、金持ちが偉いとは限らない」といった意見を述べる人は少なくなったと思う。湯浅誠さんの言葉をそのまま借りれば、「貧乏と貧困は違う」。貧困とは、少なくとも子どもが自分の力だけでは抜け出せない蟻地獄のような状態を言う。

文化の地域間格差はどうだろう。「地方の子どもは芸術に触れる代わりに、豊かな自然に触れている」というのは、やはり詭弁に過ぎないのではないか。

そして現実には、地方では、以下のような問題も立ち現れ始めている。

小豆島の塩田町長はよく、「小豆島の子どもたちは、意外と自然に触れていない」と嘆く。小学校が統廃合され、多くの子どもがスクールバスで学校に通うようになった。通学路は、寄り道、買い食い、待ち伏せなど、子どもたちが様々な社会性を身につける重要なツールなのだが、それが一挙に奪われてしまった。家に帰っても、少子化で近所に子どもがいない。人々は自動車で移動するような社会システムを作ってしまったために、子どもは家でゲームをするしかなくなる。だから地方都市ほど、子どもが参加できる文化活動を公共機関が用意してあげないと、貧困家庭でなくても、よほど意識の高い層以外は、子どもを家に閉じ込めてしまうことになる。

あるいは別の角度から、次のような見方もできる。

自然が感性を育む。それは正しいかもしれない。しかし、いま社会から求められているのは、そこで感じた自然の素晴らしさを、色や形や音や、あるいは言葉にして他者に伝える能力である。

繰り返す。四国が鎖国できるなら、小豆島の子どもたちが一歩も島を出ずに一生を過ごせるなら、その土地に生きる子どもたちにコミュニケーション教育などいらないのかもしれない。文化資本の議論など、余計なお世話かもしれない。しかし、橋は三本架かってしまった。小豆島の子どもたちの多くも、一度は島を出て行くのだ。そこから先は、「どう伝えるか」が、どうしても問われる世界だ。そしてそれを教えていくのは教育の責任だ。

## 変われない地域

大学入試改革を中心とした三位一体改革は、容赦なく進んでいく。コミュニケーション教育に関わってきた私たちは、この全体の方向は、さほど間違っていないのではないかとも感じている。しかし、その一方で、このままでは地域間格差が大きく広がるだろうという危惧も抱く。東京の中高一貫校は、すでにこの新制度入試を前提として、ディスカッション型、ワークショップ型のいわゆる「アクティブラーニング」を急速に導入し始めている。日本は、明治維新以降一五〇年近くをかけて、教育の地域間格差の少ない豊かな国を作ってきた。しかしいま、この文化資本の格差によって、もう一度社会に大きな亀裂が走り始めている。

だが、残念ながら、地方の反応は鈍いと言わざるを得ない。

実際、私はある地方都市（といっても政令指定都市であったが）で、大学入試改革に関わるシンポジウムに出席した際に、地元の高校の先生が、

「絶対に変わらない。文科省の改革など成功するわけがない」

と強弁する姿を見たことがある。たしかにこれまでも、文科省の改革は、「ゆとり」と言ってみたり「基礎学力」と言ってみたり、とにかくいつも中途半端に終わり、現場の教員はそれに振り回されるだけだったから、かの教員の主張も故のないことではない。あるいは、早稲田大学や日本大学、近畿大学のような超大規模校は、そもそもこのようなきめ細かい入試を行うことが物理的に不可能なので、この改革には実現性が薄いという議論もある。しかしおそらく、こういった大規模校も、文科省通達の手前、改革を行わないわけ

にはいかないので、部分的にこのような新制度入試を取り入れていくようになるだろう。四国学院大学のような地方の小規模校は、この改革を行わなければ死活問題となる。多くの国立大学もすでに、二〇一六年度の入試からＡＯ枠、推薦枠を拡大して、試験内容の模索が始まっている。

さらに、そもそも今回の改革は、大学入試の変容だけの問題ではない。今後、学力観そのものが変わっていくのだろうと私は思う。表層的には、情報化社会の成立の中で、知識や情報をため込むよりも、それを共有し、どう利用していくかが問われる時代になること。産業構造の転換が激しくなることで、より柔軟な社会への適応力が求められるようになること（この点はあとでも詳しく触れる）などがあげられる。

しかし、もう一点、日本社会のことに限って言えば、成熟社会、低成長型の社会へと社会構造を変えていく中で、複数のポジションを横断的に担えるような人材が強く求められるようになるという部分が重要だ。それは、主体的に、役割分担を組み替えていける能力と言ってもいい。小豆島高校野球部のように。

教員に、「ここからここまで試験に出るから覚えて来いよ」と言われ、それを従順に信じ、体力と根性で短期間に知識を詰め込む、そういった方面に能力のある人材は、しかし中国と東南アジアにあと一〇億人くらいいて、そこで国家としての競争力を保って行くには、もう無理がある。ならば付加価値がつけられる柔軟性を含んだ人材を育成していくべきではないか。それが、本当の意味での三位一体改革の先にあるものだろう。

しかし、地方は変われない。

いや、変われないのではなく、変わりたくないのだと思う。受験指導、進路指導で高い評価を得てきた教師たちにとって、その地位を捨てることには抵抗がある。寂しさもあるだろう。

現実を受け入れられないのは大人の勝手だが、迷惑を被るのは子どもたちの方だ。地方ほど、少しずつでも教育システムを変革し、文化政策を手厚くして、本物の芸術に触れ、そこから感性を豊かにし、さらにそれを表現へと結びつける施策が必要になる。

**伊佐市**

地方で教育改革を急がなければならない理由の一つは、それが人口減少対策と直結しているからだ。たとえば、以下のような事例。

鹿児島県伊佐市は、二〇〇八年に大口市と菱刈町が合併してできた新しい自治体である。西南戦争で重要な戦略拠点となった大口も、国内有数の金鉱を抱える菱刈も、いずれも歴史のある町だが、合併しても「北鹿児島市」といった風情のない名前ではなく、「伊佐」という、これも由緒ある名称がつけられたのは幸いだった。「伊佐美」「伊佐錦」といった人気の焼酎もあり、その銘柄の名を聞いて、「あぁ、あの『伊佐』ですか」と思う人も多いだろう。

『街道をゆく』にも、以下のような記述がある。

肥後側から大口盆地に向かってなだらかな傾斜がある。この傾斜の風景は、声をあげたくなるほどに美しかった。降りるに従ってひろがってゆくのはゆったりとした段丘で、おそらく紀元前から耕されていたのではないかとおもわれる地形である。

（「肥薩のみち」『街道をゆく　3』司馬遼太郎・朝日文庫）

二〇一四年秋、この伊佐市が、まったく思いがけないことからワイドショーなどで取り上げられることとなった。伊佐市では、高校生に対する進学奨励金を出すことになったのだが、多少の勘違いから、尾木直樹先生がブログでこの件にかみついて話題となったのだ。この奨励金は、市内の県立大口高校から東大、京大、九大など旧帝大と早慶など難関私立大に進学すると一〇〇万円、他の国公立大や同程度の私大なら三〇万円を支給するというものだ。この報道に尾木氏が「違法じゃないけど吐き気がする」とブログに書いて、一挙にネット上での議論が広まった。

私は普段、尾木先生の論調にはたいてい賛同するが、このケースは多少勇み足があったように思う。そもそも尾木氏は、当初、この報道だけを読んで、なぜか私立の高校が生徒たちに進学を競わせるために、このような奨励金を出すことにしたと思ったらしい。すぐにそれは訂正されたのだけど、しかし、やはりきちんと内容を調べたとは思えず、訂正文のあとにも、

・よくぞ市民の皆さん疑問の声挙げないのですね
・5000万円もの大金認めましたね
・5000万円もの大金あれば相当の教育レベルあげられますよ

と怒りの矛先を「五〇〇〇万円」という金額の方に向けている。しかし、この五〇〇〇万円というのは、高校活性化のための基金であって、奨励金のみに使われるわけではない。様々な施策の一環としての奨励金が、マスコミによって面白おかしく報道され、それに尾木先生が素直に反応してしまったというのが経緯ではないか。

ネット上では、奨励金の方針を支持する声の方が多かったようだが、もちろん賛否あり、伊佐市側としては無用の騒ぎとなって迷惑をしたことだろう。

私は、問題の本質は別の所にあるように思う。

ネット上で、尾木先生の論調に賛成した方たちには、地方都市において「唯一の進学校」が果たす役割といったものへの理解が足りなかったのではないか。町の進学校は、その町の精神的なシンボルであり、その学校が定員割れをするということは地域全体の活気をそぐ。

難関校に進学させても、その人々は町に戻って来ないのだから、地域の活性化に繋がらないという意見もみられた。たしかに、かつてのように、中央官僚や政治家を生み出せば、それが地方交付税や公共事業という形で直接的に還元された時代ならいざしらず、東京資本やグローバル資本が根こそぎ収奪していく現代においては、地域に残り、地域に貢献する人材を育成するべきだというのは、一つの理屈ではある。私も、県庁所在地にある進学校などについては、同様のことを述べてきた。

しかし伊佐市の県立大口高校の場合は、少し事情が違うのではないか。おそらく、大口高校で定員割れが続いているのは、少子化が最大の原因だが、もう一点は、旧帝大系などを狙う生徒が鹿児島市内の進学校に行ってしまうという現象があるのだと思う。そして、このことは、地域にとって大きな打撃になる。

たとえば沖縄の先島諸島は、石垣島と宮古島にしか高校がない。そのため、他の小さな島の生徒たちは、下宿するなり寮に入るなりして石垣か宮古、あるいは那覇の高校に進学する。子どもが三人もいると、そして大学まで行かせようとすると、教育費だけではなく、その仕送りは莫大な負担となる。結局、子どもの教育のためを考えて、那覇なり本土なりに家族ぐるみで引っ越してしまう家庭も多くあると聞く。前出の小豆島高校の場合には、毎年十数名を国立大学に送り出す実績があるために、ほとんどの子どもたちは島に残って高校までを過ごす。

伊佐でも、同じことが考えられるのではないか。伊佐は交通の便が悪く、高校生が鹿児島市内まで通える距離にはない。兄弟が多く、その子どもたちを鹿児島市内の高校、大学に行かせなければならないとしたら、親の負担はそうとうなものになる。子どもの教育を理由に引っ越す家庭も当然でてくるだろうし、進学の道が閉ざされた町には、子連れのUターン、Iターン者は来ないだろう。だとすれば、市が、地元の高校からでも難関校に行けるということを、なんらかの形でアピールすることは間違った施策ではない（多少、広報の仕方がまずかったのかもしれないが）。地域は、そこまで、追い詰められている。

隈元新伊佐《くまもとしん》市長は私もお目にかかったことがあるが、篤実な人柄で、この騒動では、すぐに大口高校に駆けつけて、自らの意図を直接、生徒たちに説明したという。

地方は、ここまで切羽詰まっている。

教育政策のしっかりしていない自治体は、残念ながら「選ばれない自治体」になってしまう。そこにはIターン、JターンどころかUターンさえも期待できない。先進自治体が、地道な教育改革に取り組み始めている理由がここにある。

ここまでの大意をまとめると、以下のようになる。

・賛否はあれど、大学入試改革は二〇二〇年度に向けて進んでおり、前倒し実施も始まっている。この新制度入試は短期間の受験対策では対応できない、個々人の文化資本の蓄積を問うようなものになる。
・文化資本は「本物」に触れることでしか育たない。だとすれば現状では、東京の子どもたちが圧倒的に有利になる。また、東京の中高一貫校では、新制度入試に対応したアクティブラーニング中心の授業がすでに始まっている。
・このままでは、文化資本の格差によって、東京一極集中が助長され、地域間格差が広がる恐れがある。文化資本が、大学入試、就職、そして付加価値をつける地域の競争力(次章で詳しく触れる)を決定する時代が来た。
・Iターン、Jターン、とくに子育て世代は、教育環境の整った地域を選ぶ。一方、Uターン者も、雇用や住環境だけではなく、おもしろい町ならば帰ってくる。
・地方こそ、教育政策と文化政策を連動させて、文化資本が蓄積されるような新しい教育プログラムの開発に取り組まなくてはならない。このことに気がついた自治体と、そうでない自治体で、今後、さらに地域間格差が広がることが予想される。

〈桜美林大学演劇コース・ミッションステートメント〉

ここに私たちが創り出そうとする演劇の学舎（まなびや）は、まったく新しい発想と希望をもった、明日の演劇人の巣箱です。

この演劇コースは、単にプロフェッショナルな演劇人を促成栽培するための養成機関ではありません。ここで学生たちが学ぶべきことは、何よりも演劇を通して人間を観る、演劇を通して世界を感じ取るという新しい知性の在り方です。

2500年にも及ぶ演劇的な知の蓄積を、現代社会に生かせる形で継承していくことが、総合大学のなかで演劇を教えていく最大の目的だと私たちは考えます。

実際、学生たちは、必ずしも全員が、プロフェッショナルの俳優になれるわけではありません。しかし卒業の時点で、すべての学生が、この学舎で演劇を学んだことを誇りとし、舞台への愛情を捨てないでいて欲しいのです。すべての卒業生が、俳優のみならず、劇作家として演出家として舞台スタッフとして、あるいは制作者や批評家、そして優れた行政官や教師として、何らかの形で舞台芸術に関わっていって欲しいと、私たちは切に願っています。

そのような視点に立って、私たちは、この新しい学舎を開くにあたって、次の５つの柱を考えています。

**1. 実践的な講師陣と、細かな基礎訓練**

プロフェッショナルな俳優になるためには、その才能を生かしてくれる優れた演出家に出会う必要があります。また日本の演劇界にも、俳優の側も、演出家を選び、ともに共同作業をする新しい時代が来ています。

桜美林大学の演劇コースは、現在、演劇界の最前線で活躍中の多くの演出家を講師として招き、様々な形の演出方法に実際に触れることができるプログラムとなっています。「自分がどんなスタイルの舞台に立ちたいのか」という俳優にとって最も重要な判断を、学生一人ひとりが自分自身で下せるように、在学中に一人でも多くの優秀な演出家と出合う機会を保証します。

　特に1、2年次には、現代演劇の俳優に必要な、基礎的な身体訓練の方法や発声を、最新の指導技術を駆使して学習します。

　卒業後も、プロの俳優としての活動を希望する者には、3、4年次には、実際の作品作りを通して、さらに高度で実践的な指導を行います。

　体系的な演技指導と、多様な演技スタイルの実践という、2つの異なった方向を、バランスよく考慮したプログラムとなっています。

**2. 地域の演劇活動の中核となる人材の育成**

　今後、日本でも、地域における演劇活動がいっそう盛んになっていくことが予想されます。地域で活動する演劇人は、専門的な技術だけではなく、演劇に関する様々な「知恵」が求められます。

　本演劇コースでは、今後、演劇人が地域社会で活動していくためには、どのような演劇的な「知恵」が必要なのかを、外国の先進事例などを含めて伝えていきます。日本の現状を見据えつつ、新しいアートマネジメントの可能性も探っていきたいと思います。

　卒業後、あるいは将来的に、地域に戻っての活動を希望する学生は、ワークショップなどの指導法や、地域行政との関わり方なども学びます。実例をあげながら、また実際に一般市民とのワークショップなどを経験しながら、今後の地域における演劇活動の中核を担える演劇人を輩出していきたいと考えています。

**3. 演出家、劇作家の養成**

　1、2年次には、全学生が、集団創作などを通じて、演劇の構造、舞台芸術を支える基本的な要素を体系的に学びます。
　その中で、創作に興味を持った学生には、3、4年次には、さらに本格的な、演出法、戯曲創作法の授業を用意しています。学生は、実際に自作の小品を執筆、演出するなかで、演出法、劇作法を学んでいきます。

また付属のスタジオ、小劇場などで、自主上演を用意しています。

**4. 研究、評論活動**

総合大学の利点を生かし、演劇を哲学や社会学、文化人類学など、様々な学問分野の視点から考察することができるのが、本コースの大きな特徴です。また逆に、演劇的知の視点から他の学問を照射することも可能です。

俳優としての訓練と、演劇の鑑賞批評活動を有機的に連動させて、新しいタイプの演劇人を作っていきたいと私たちは考えています。

舞台の現場を知り尽くした研究者、批評家。あるいは、演劇理論を熟知した俳優や演出家。現場にも理論にも偏らない、21世紀にふさわしいアクティブで柔軟な演劇人を育てていきたいと私たちは願っています。

**5. 教育普及活動**

国語教育の新指導要領に「話し言葉」「音声言語」が、重点課題とされるなど、今後、幼児教育、初等教育において、演劇や、演劇的な思考法の果たす役割は小さくないと考えられます。

本学では、幼稚園からの一貫教育の利点を生かし、様々な演劇教育プログラムの実習を通じて、次代を担う演劇指導者の養成を目指します。

# 第四章　復興への道——東北・女川、双葉

## 福島の金

東日本大震災が起こる以前から私は、福島県いわき市のいわき総合高校での授業や、福島市内の児童教育施設である「こむこむ館」でのワークショップ開催を通じて、福島の高校生たちとの交流を続けてきた。震災後はそれが加速し、いまも福島通いの日々が続いている。

司馬遼太郎さんもお書きになっていることだが、前章でとりあげた善通寺の、そこで生まれた弘法大師空海が遣唐使として海を渡り、唐の都長安から密教を丸ごと輸入できたのは、現在の福島県あたりの金山で採れた砂金の力が大きかった。密教の輸入は、仏典の写経、仏像を中心とした仏具の新調など、とにかく金がかかった。空海がそれを短時間で出来たのは、当時奥州で盛んに採れ始めた金を原資としていたからだ。

同時代の最澄も同様であり、この頃の遣唐使は、東北で採れ始めた砂金を持って留学をした。このことがのちに、黄金の国ジパングのイメージとなった。

**私は『空海の風景』を書いているときにも感じたのだが、空海が長安でつかったであろうカネを想像すると、空《そら》おそろしい思いがする。**

（「白河・会津のみち」『街道をゆく　33』朝日文庫）

ちなみに現在、東北の金山はほぼ採掘され尽くし、国内の金の産出のほとんどは、これも前章で登場した伊佐市の菱刈鉱山に拠っている。日本という国土は狭いようで広く、広いようでいて、しかしそこで起きる出来事はなにがしかつながっている。

## 女川

二〇一五年春、NHKの『東北発未来塾』という番組の収録のために、宮城県石巻市と女川町を訪れた。

朝一番の新幹線で東京を発ち仙台に出て、そこからは車でまず石巻に。民間の集会施設で番組に参加する学生たちと合流する。この番組の趣旨は、福島の学生たち(実際には福島出身の学生たちで、いまは仙台や東京で大学に通っている者もいる)に、演劇のワークショップを受けてもらい、最終的に簡単な演劇を作るところまでを経験させ、その過程で、復興における芸術や文化の役割を理解してもらうというものだった。大学生が中心だが、数名の高校生も混ざっている。

まず簡単なアイスブレークのワークショップ。昼過ぎにバスに乗って、いよいよ女川町へ。昼食は弁当をバスの中で食べる。

牡鹿半島の付け根を突っ切るようにして女川町に入り、町の中心街を過ぎたあたりからカーブの繰り返しが激しくなる。このあたり、入り組んだ海岸線が続き天然の良港が並んでいる。もともと牡蠣やホタテ貝の養殖が盛んな地域だ。

しかし、そのように入り江が複雑に入り組んでいたために、女川は、東日本大震災においてもっとも被災が激しく、最大で四〇メートルを超える津波がそれぞれの集落を襲った。家屋の八割が流失し、人口の八・七%が亡くなられたという。

私たちが訪れたのは、女川の中心街から山一つ越えた竹浦《たけのうら》という小さな漁村だった。バスを降りて、まず「番屋」と呼ばれるプレハブの集会所で簡単な説明を受け、それから案内役の阿部貞《ただし》さんの先導で現地を回り、被災の状況を確認する。集落は小さく、山が海に迫っている。一九六〇年のチリ地震津波の際の最高到達点から逆算して造られた堤防があり、住民は波がそれを越えることはあるまいと考えて暮らしていた。しかし、いち早く高台に逃げた人々が沖を見ると、海の様子が普段とはまったく異なり、これは尋常な津波ではないとなって声がけが始まり、多くの人々が高台に避難を開始した。逃げた先は、港からすぐの所にある小高い丘の上の神社だった。幸い、この集落は入り江の奥にあるために津波の到達が少し遅れて、多くの命が救われることとなった。

写真が趣味という阿部さんは、その瞬間、カメラだけを持って神社まで駆け上がった。震災前と震災時、そして震災直後の写真を見せていただきながら、ゆっくりと神社への道を上っていく。「あそこまで水が来たんです」と阿部さんが指さす方向を見ると、高い木の枝にスーパーの買い物籠がぶら下がっている。その籠は、四年前から、そこにひっかかったままなのだ。

神社の境内の手前が港が見える小さな広場のようになっていて、あの日、竹浦の人々はここに集まり、自分たちの集落が根こそぎ流されていくのを、なすすべもなく呆然と眺めていた。いま、その高台には、女川の中学生たちが募金を集めて作った「いのちの石碑」が建っている。そこには以下の言葉が記されている（抜粋）。

## 女川いのちの石碑
## 千年後の命を守るために

ここは、津波が到達した地点なので、絶対に移動させないでください。

もし、大きな地震が来たら、この石碑よりも上へ逃げてください。

逃げない人がいても、無理矢理にでも連れ出してください。

家に戻ろうとしている人がいれば、絶対に引き止めてください。

今、女川町は、どうなっていますか？

悲しみで涙を流す人が少しでも減り、笑顔あふれる町になっていることを祈り、そして信じています。

２０１４年３月　女川中卒業生一同

石碑の裏には、同じ意味の文章が、英語、仏語、中国語でも記されている。

## 獅子振り

高台の広場のすぐ上が、竹浦庭足《にわたり》五十鈴神社の境内となる。小さな社殿と、その右手に御輿を収めた小屋がある。この御輿は被災を免れたが、女川の各集落の伝統芸能である獅子舞の獅子頭や太鼓は、海べりの集会所にあったためにすべて流されてしまった。ただ、この復興は比較的早かった。多くの募金が集まったし、日本財団などから直接の寄付、寄贈もあった。

社殿を開いて、中から獅子舞の道具を取り出し、駆けつけた地元の方々がさっそく獅子舞を踊って見せて下さった。楽器は、基本のリズムを司る大太鼓と、即興で叩く小太鼓、あとは笛二本というシンプルな編成。獅子舞は二人ないし三人が中に入って、入れ替わり立ち替わりしながら舞い続ける。福島の学生たちは、それぞれ頭を獅子に噛んでもらって、それから交替で太鼓を叩かせていただいたり、獅子に入って舞を習ったりした。

この獅子舞、地元では「獅子振り」というのだが、この伝統芸能が、まさに竹浦の復興を支えてきた。この件も『新しい広場をつくる』に詳しく書いたが、ここに再掲する。

東北大学の大学院進学と同時に研究目的のために女川町に移住し、震災後はボランティアからそのまま町の復興推進課員となって女川の地域再生のために奔走してきた神山梓《かみやまあずさ》さんは、文化庁のヒアリングに答えて、以下のように述べている。

「女川町の集落にはそれぞれ『獅子振り』という獅子舞の一種が伝わっている。竹浦集落は、地域の伝統文化である獅子振りをいち早く復旧させ、集落の人々が、獅子振りを通じて、励まし合い、団結できたことが、自立的な復興の取組に繫がったと思う」

「女川町にある15の集落の中で、竹浦集落は、高台移転についてもっとも早く合意形成ができた。これは文化の力によるものと考えている。コミュニティをつなぐものは、これまで培ってきた文化の力とそれを支える人々の心。その心から発せられる復興こそ真の復興であり、本当のコミュニティの再構築だと思う」

神社の境内には一時間弱もいただろうか。そのまま港に降りて、また番屋に戻る。そこで今度は、集落のとりまとめ役の鈴木成夫さんにお話を伺った。

震災の起こるはるか前から、ここ竹浦も、ご多分に漏れず過疎化が進み、伝統芸能である獅子振りの存続も危ぶまれる事態が起きていた。そこで、昭和の終わり頃から、この鈴木さんや阿部さん（ちなみに、あとからいただいた精密地図によれば、竹浦集落は、住民の八割程度が阿部姓か鈴木姓なのだけれど）が中心となって、獅子振り存続のための試みがなされた。まず、それまで女人禁制だった獅子振りを、女性も参加可能にした。子どもたちにも、小学校に入った時点から獅子振りや楽器の演奏を体験させる。さらには、女川周辺にＡＬＴ（外国語指導助手）で入っている若い外国人たちにも、獅子振りを経験してもらう。

このような様々な試みを通して、竹浦の獅子振りは、その命脈を保ってきた。例祭が四月の二九日であることも幸いして、ゴールデンウィークと正月には、石巻や仙台に引っ越して行った人々も、地元に帰ってくるようになったと言う。

そして二〇一一年三月一一日、東日本大震災が起こった。集落のほとんどが流され、牡蠣の加工場なども壊滅状態となった。お話を伺った鈴木さんのご自宅は、港からすぐの場所にあり、女川湾を挟んで遠くには金華山の頂が見えた。「一番風景のいいところだったんですけどね」と鈴木さんは呟いた。

## 高台移転

しかし、先にも記したように、竹浦は、獅子振りを中心にいち早く復興の道を進んだ。竹浦集落の大部分が集団避難した先の秋田県仙北市では、旅館にあった座布団や空き缶、スリッパなどで作った獅子頭と風呂敷で、みなで獅子振りを踊り避難生活の無聊《ぶりよう》を慰めた。のちに、この「座布団獅子振り」は、竹浦の復興のシンボルとなっていく。

女川町全体としては、高台移転に際して、浜ごとの小さな集落を統合し、大きな造成地を造りたいという意向だった。おそらく経済合理主義の視点だけから考えれば、その方が早く、低コストの移転が出来たのだろう。

しかし竹浦集落は、当初より、海の見える場所への集落一体となった移転を模索した。独自のルートを使って仙台や東京の専門家に調査を依頼し、現集落のすぐ上の高台でも十分に造成可能だという結論を出した。集落内で何度も会合を重ね、最終的に、元の集落からさほど離れていない場所に二ヵ所の造成地を拓いて、竹浦集落全体での移転を行うという結論に至った。

二〇一六年度末までには、災害公営住宅と自力再建の家々が立ち並ぶことになる。そのデザインも集落で統一し、高台に美しい家並みを再現するのだという。港の周辺には、牡蠣の加工場など新しい施設も建設中だ。

もちろん、いい話ばかりではない。新しく出来る高台の造成地に入るのは三一世帯。震災前の約半分である。浜に残れなかった理由は、やはり経済だった。

「家が流され、船も失って離職する方も多かった。高齢者は、お子さんやお孫さんが仙台や東京にいて、そちらに避難したまま戻って来ないことに決めた方もいる。六〇代、七〇代になって、また銀行から金を借りてローンを組んで、それで船を新造して一から出直すのは難しいですからね。残念ですが、個々人の事情があるので仕方ないんです」

と鈴木さんは淡々と語る。しかし、そのように様々な事情があって浜を離れた人々も、四月二九日の例祭には、竹浦に戻りみんなで獅子振りを楽しむという。世帯数も人口も半減してしまったが、それを支える人々の数はむしろ増えている。震災以来のボランティアの方たちも祭りに訪れる。継続してここを訪れているALTの外国人たち、集団避難先の仙北市の人々との交流も続いている。祭りに参加する人数は、震災前を上回るほどだという。

ここでも「関係人口」が集落を支え始めているのだ。

## 番屋の力

鈴木さんを中心に、竹浦ガールズと呼ばれる主婦の皆さんのお話も伺いながら、おそらく竹浦の復興の秘密の一つは、この「番屋」にあるのではないかと感じた。かつて漁村には、人々が集う番屋と呼ばれるコミュニティスペースが必ずあった。そこは、漁師たちの待機所、早朝の漁に出るための仮眠、宿泊の施設でもあり、また天候の悪い日には、皆で集まって漁具を修理したり破れた網を繕ったりする作業場でもあった。

西日本では、これ以外に若衆宿という別組織もあり、一定年齢になると村の若者はこの組織に入り、文字通り寝食を共にした。若衆組、若者組とも称されるこの組織が漁村に多く見られたのは、元来、漁業というものが持つ性格から来る必要性があってのことだったのだろう。人々が村総出で同じ作業をする米作りなどと違って、漁業の基本は役割分担である。その役割分担、指揮命令系統を身体にたたき込む機能が、番屋や若衆宿にはあったのだろう。竹浦の獅子振りを観ていても、面白いのは、囃子方と獅子振りが役割を分担しながら、うまく交替をして延々と舞いを続けていく点にある。こういった漁に不可欠なコミュニケーション能力を身体化していく仕組みを、かつての共同体は持っていた。

このあたりのことは、前掲の『菜の花の沖』に詳しい。

若衆組は、日常的には若者が大人社会に出てゆくための準備の訓練をするが、この組織が主任務とするところは祭礼の運営である。さらには海難や山火事にも出動する。

一般に、従来の若衆宿は大正期には衰退し、戦時体制下では青年団組織などに姿を変えていったとされる。しかし、三島由紀夫の『潮騒』を読むと、離島などでは戦後も、名前こそ変わっても、この風習は続いていたようだ。

その晩、新治は青年会の例会へ行った。むかし「寝屋」と呼ばれていた若い衆の合宿制度が、そういう名に呼びかえられて、今も多くの若い衆は自分の家に寝るよりも、浜辺のその殺風景な小屋に寝泊りすることを好んだ。そこでは真面目に教育や衛生や、沈船引揚や海難救助や、また古来若者たちの行事とされている獅子舞や盆踊りについて論議が闘わされ、そこにいると、若者は公共生活につながっていると感じ、一人前の男が肩に担うべきものの快い重みを味わうことができた。

（『潮騒』三島由紀夫・新潮文庫）

もちろん、この若衆宿には、いじめや様々な因習の温床となるマイナス面もあり、その点もまた『菜の花の沖』には詳しい。

竹浦をはじめとする女川のそれぞれの集落は、戦後長く「集会所」と呼ばれていた施設を復旧するにあたって、かつての「番屋」という呼称を復活させた。いま、高台移転の会議も、太鼓や獅子振りの練習も、徐々に復活を遂げつつある漁や養殖の準備も、すべてはこの「番屋」で行われる。「番屋」は確実に「新しい広場」の役割を果たしている。

竹浦集落から眺められるのは金華山だけではない。その隣には、東北電力女川原子力発電所も見える。別れ際、鈴木さんは、福島の学生たちに以下のように話してくれた。

「福島は他人事じゃないです、自分たちもそうなっていたかもしれないのだから。いつも私たちは、心には福島のことを思っている。頑張って、一緒に復興をしましょう」

**ふたば未来学園**

二〇一五年四月、福島県双葉郡広野町に県立ふたば未来学園高校が開校した。

震災前、双葉郡には五つの県立高校があったが、そのいずれもが現在、「帰還困難区域」あるいは「居住制限区域」に位置しており、生徒たちは福島市、いわき市、二本松市、猪苗代町などに分散して、サテライト校で授業を受けている。

しかしながら、このままの状態を続けるわけにはいかず、様々な協議の結果、既存の五校はすべて二〇一七年三月に休校とすることになった。一方で、双葉郡の中にも避難指示が解除される区域が広がっていくなか、子どもたちの通う学校がなければ帰還は進まないという問題が浮上した。現在、区域外で就学している小中学生たちの受け皿も必要となる。そこで、福島第一原発の南側に位置し、放射線量の低い広野町に、中高一貫の学校を新設することが決まった。新しい学校の名称は、公募したものの中から地域の生徒たちが選び、「ふたば未来学園」と名付けられた。

この学校の新設に奔走した小泉進次郎復興大臣政務官（当時）の音頭取りで、「ふたばの教育復興応援団」が組織された。ここには、秋元康さんや林修さん、為末大さんら、そうそうたるメンバーが名を連ねている。不肖、私も、その一翼を担っており、開校以来足繁く、この広野町に通うこととなった。

開校までの一番の心配は、本当に生徒が集まるのかという点だった。しかし、ふたを開けてみると、一二〇名の定員の所に一五二名の志願者が集まり、県教委は急遽定員を増やして、初年度は希望者全員を受け入れることに決定した。なお実際には、コーチの所在の関係などで、サッカーを専門に学ぶ系列の生徒は静岡県三島市に、バドミントンを学ぶ生徒は猪苗代のサテライトキャンパスで現在は学んでいる。これらもいずれ既存の五校の休校と並行して、ふたば未来学園に統合される計画になっている。

もちろん、福島第一原発から二五キロの所に学校を新たに建てるのだから、それを危惧する声もある。

「子どもを人質にとって復興をアピールしている」

「子どもを進んで被曝させるなど、狂気の沙汰だ」

といった発言が、主にネットを中心に見られた。しかし広野町は、福島市内などと比べても線量は低い方なのだ。

「廃炉作業中に事故が起きたらどうするのだ」という趣旨の発言も多い。しかし、では、何キロ離れたところにならら学校を建てていいのか？「そもそも、いわき市も福島市からも、すべての子どもをいまからでも避難させるべきだ」と言う人もいる。そうした善意の暴論の一つ一つが、福島に残った人々の心を少しずつ傷つけていく。

もう一点、福島通いの中で感じるのは、たとえばこの「ふたば未来学園」に関する温度差だ。この新設校は、福島県民の多くの期待を担っている。県内紙は開校を一面で賑々しく報道し、大きく紙面を割いた。もちろん批判の声は福島にも届いている。しかしそのほとんどは県外からのものだ。その容赦ない批判の声は、生徒たちの耳にも入っている。そのたびに、彼ら／彼女らは心を痛める。たとえば、『美味しんぼ』の鼻血問題が、どれほど福島の人々の心を傷つけたか。東京に暮らす私たちがそれを実感としてつかむことは難しい。

## 低線量被曝の時代を生きる

私の元にも、ふたば未来学園に関して、匿名の中傷メールなどがやってくる。大人の私たちは、そんなことは覚悟の上でこの仕事を引き受けているわけだが、子どもたちにはできる限り、もう辛い思いはさせたくないと思う。

私たちは、日本人が誰も経験していない「低線量被曝の時代」を生きている。そこには絶対的な安心も安全もあり得ない。だから私たちは、どこかで線引きをしなければならない。

私はもちろん、原発再稼働には絶対反対であるし、国内のすべての原発は即刻、廃炉作業に入るべきだと思っている。しかし一方で、「反原発原理主義」のような方たちにも強い違和感を覚える。私は、震災から三ヵ月後に、たとえば以下のような文章を書いた。少し長いが引用する。

震災から五〇日ほど経ったゴールデンウィークのただ中に、劇作家の別役実氏と『焼け跡と不条理』と題した対談をする機会に恵まれた。ちょうど別役氏の初期作品をコラージュした『マッチ売りの少女たち』という戯曲を、私の劇場で上演していて、その舞台公演の一環の特別企画としてこの対談が実現した。私は、公演のパンフレットにも、すでに以下のような文章を記していた。


（以下抜粋）

原作の『マッチ売りの少女』『象』はいずれも、戦後の焼け跡のイメージ、あるいはそのイメージをなかったかのようにして成長していく戦後昭和の姿が背景にあります。

今回の震災で、私たちは再び、すべてが押し流されてしまった廃墟、瓦礫の山を目の当たりにすることになりました。「大災害という不条理」ということを、ずっとあたまの中で反芻しながら、私は稽古を続けていました。

私たちはまた、この災害を、「なかったかのように」復興していくのでしょうか……。


このときの対談の別役氏の発言で、もっとも印象に残ったのは、宮沢賢治の『雨ニモ負ケズ』についての話だった。

「私もあの詩は好きだし、あの詩が三月一一日以降読み継がれているのはいいことだと思う。ただ、あの詩で本当に大事なところは、『雨ニモ負ケズ、風ニモ負ケズ』のところではないのではないか。本当に大事なのは、『日照リノ時ハ涙ヲ流シ、寒サノ夏ハオロオロ歩キ』の方ではないか」

他にも、私自身が思っていた疑問。今回の震災を戦後復興にたとえる人は多いが、だとすれば、戦後の焼け跡闇市の混乱や、そこから来る根拠のないバイタリティも必要なのではないかという疑問に対しては、以下のような話をされた。

「混沌が何より大事だ。人々はリーダーシップの不在を嘆くが、こんな未曾有の事態では、誰がやったって、そううまくいくものではない。国のリーダーは、あのくらい頼りなくてちょうどいい。こういった混乱の中では、人々は局所対応をしていくしかないだろう。だから、リーダーシップは、たぶん地方自治体の首長とかが発揮するのであって、国にそれを期待する方が間違っている」

「混沌の中から新しい芸術が生まれる。今回の大震災からも、必ず新しい表現が生まれてくるだろう」

「頑張ろうと励ますことも大事かもしれないが、本当に大事なのは、きちんと嘆き悲しむことだ。そこからしか真の復興はあり得ない」

「日本のベケット」と称される老劇作家の言葉は、どれも心に沁みた。

では、実際に、オロオロと歩くとは、どういうことだろう。

私の劇団には、小さな子どもを持った母親が一〇名以上いる。三月一一日以降、彼女たちと話す機会が多くなった。

彼女たちに限らず、テレビでインタビューを受けている人々を見ても、みな口々に、「安心したいのだ」と言う。しかし、私はそれは無理だと思うし、身近な劇団員にもそう語ってきた。

原発で、これだけの事故が起こってしまった以上、そしていまも、放射線が少量であっても出続けている以上、私たちは、絶対の安心を得ることはもはや出来ない。しかし、私たちは、「安心したい」のだ。「いくら何でも、そんなひどいことにはなりませんよ」と誰かに言ってもらいたいのだ。

「安心したい」という言葉は、いまも私たちが「安全神話」から抜け出しきれていない証左だろう。だが、安心はない。原発に絶対の安全がなかったのと同じように、もはや絶対の安心もない。私たちは、この「安心はない」というところから、オロオロと、低線量放射線の時代を生き抜いていかなければならない。

このまま、新たな水素爆発のような大きな事故が起きなければ、ゆっくりと、きわめてゆっくりと、事態は収束していくのだろう（そして、私たちは、いまはそれを祈り、現場の作業員の活動を応援していくしかないのだが）。おそらくそこまでに、早くて半年、長ければ一、二年の歳月がかかるだろう。

そうして、半径三キロ、五キロといった高濃度の汚染地帯を除いては、少しずつ、これも極めて少しずつ、観測される放射線量は下がっていくだろう。多くの都市での放射線量が、三月一一日前の値に戻るのに三年か、あるいは五年か。もちろん、行政には出来る限りの除染の作業が望まれるが、それにも限界があるだろう。

そしてさらに、一〇年後、あるいは二〇年後、福島市で、郡山市で、あるいは柏市で、東京で、いま乳幼児であった子どもたちの甲状腺癌の発生率は、どのくらい上昇するのだろう。おそらく、この時点で、誰の話を聞いても、その医師や放射線の専門家が良心的であればあるほど、「分からない」という答えが返ってくるのではないだろうか。あるいは、「微量だが、ゼロではない」という答えか……。

原発の事故処理が、もっとも幸福なシナリオのうちに進めば、東京における甲状腺癌の発生率は、有意の数字では出ないほどの、まさに「微量」となるのだろう。福島市、郡山市は、どうなるだろうか。〇・〇一%か、〇・一%か一%か、それはまだ誰にも分からない。

いずれにしても確かなことは、二〇キロ、三〇キロという避難区域の一つの目安は、それが役人が決めたものである以上、おそらく「裁判で因果関係が問われない範囲」ということを想定しているのだろうと思う。役人というのは、意識するしないにかかわらず、常にそのようにものを考え、行動する習性を持つ。そして、それは、国家という巨大組織を運営していく上での目安としては、あながち間違った指標とは言えない。私たちはいずれにしても、どこかで「線引き」をしなければならないのだから。

しかしながら、子どもたちの死亡率が、〇・〇一%でも高まるとすれば、子どもを持つ母親にとっては、それはとても不安なことであるばかりでなく、許し難いことでさえあるだろう。彼女たちの怒りに、線を引くことは出来ない。

だから私は、福島や東京から西に退避する親子を、神経質だとは思わない。子どもとはそのように、どこまでもかけがえのない存在だから。しかし一方で、「あまり気にしない」という親を無神経だとも思わないし、もちろん愛情が足りないとも思わない。

子どもを自然食品だけで育てる親もいれば、ファストフードも別にかまわないだろうという親もいる。それは親子の生き方の問題で、他人が干渉できる範囲の事柄ではないからだ。いまの政府の対応に人々が不満を持つのは、この「生き方の問題」に、どれだけ政治が関与できるのか、その腰つきが定まっていないからだ。しかし、繰り返し言うが、それを定めるのは無理だと思う。一人ひとりの生き方に関与することは、役人がもっとも苦手とするところだから。

では、政治には、これ以上のことは、何も出来ないのか？　私はそうではないとも思う。

たとえば、今後三〇年間、三〇歳以下の甲状腺癌の検診と治療については、原発事故との因果関係を問わずに無償とすると決めてしまえばいい。小児癌の研究費を二〇倍に増やすと決めてしまえばいい。

犯してしまった罪の大きさにおののいて、きちんとオロオロとするべきなのだ。そのことでも、けっして人々に安心を与えることは出来ないだろうが、いや、マスコミは、「ほらやっぱり危険なんじゃないか」と十年一日のごとくに叫ぶだろうが、それでも政府は、若干の信頼は手に入れられるかもしれない。

若い頃、なかば小遣い稼ぎの仕事で、元環境庁長官の大石武一さんにインタビューをしたことがある。水俣病への取り組みなどで歴史に名を残した大石氏だが、「自分はまったく真面目な政治家ではなかった」と最初に語ったのが印象に残っている。

一期目、二期目は典型的な陣笠代議士で、銀座で飲み歩いてばかりいた。大臣になったのも、当時の派閥順送りの人事で、そろそろ大臣にしてくれると言うので、では自分は子どもの時から動植物が好きだったし、医者でもあったからと、出来たばかりの環境庁長官を希望した。大した野望があったわけではないと、半ば自嘲気味にあっけらかんと語ってくださった。

いま思えば、「疑わしきは認定する」という水俣病患者に対する対応は、まさに彼が、オロオロ歩く政治家だったから実現したことではなかったか。大石武一は、尾崎行雄と並んで大政翼賛に抗した父・大石倫治ほどの立派な政治家ではなかっただろう。ただ彼は、日照りの時に涙する、その術を知っていた。寒さの夏には、オロオロと歩くしかないことを知っていた。

震災以降、強いリーダーシップを持った政治家を待望する声が一段と強い。その心情は分かる。分かるが、ここは、一つ、日照りの時に涙する政治家を捜すべきではないか。オロオロと、頼りなげに歩く政治家をこそ捜すべきではないか。
もちろんそんな人材は、いまの永田町では、組織の上までは登っては来られないのだろうが、ソウイウモノヲ、ワタシハ、ミタイ。

（「学鐙」二〇一一年秋号・丸善より。一部改変）

念のために書いておくが、私は、福島県において甲状腺癌が多数発見されている点について、基本的に原発事故との関係はきわめて薄いと考えている。異見があることも承知しているが、「この結果は広く甲状腺検査を行ったために起こった現象であり、原発事故とはほぼ無関係だろう」というのが大半の科学者、医療従事者の見解だと認識している。

しかしそうであっても、ここに記したように、甲状腺癌が「発見」され、そしてその治療を希望する者は、国家と東電の責任において全額無償で対応するべきだとも考える。それ以外に、この混沌に対する道筋は見いだせない。同様に自主避難者の家賃補助なども打ち切るのではなく、より手厚い支援をすべきだとも考える。そのような方策以外に、いま福島が抱えている分断を克服する手立てを見いだせない。

そして何より、原発の再稼働をやめ、即時廃炉の道を選択すれば、少なくとも、「ふたば未来学園を応援することは、原発再稼働に荷担することだ」といった不可思議な言説の大半は止むのではないかと願っている。

こうして私たちは、科学的な知見を追求しながら、一方で、その対策においては、オロオロと歩んでいく以外に方法がない。福島が抱える下り坂は、日本の一つの縮図である。

哲学者の鷲田清一氏は、このような「オロオロと」歩いて行くタイプのリーダーシップを、「しんがりのリーダーシップ」と呼んでいる。

これからの日本と日本社会は、下り坂を、心を引き締めながら下りていかなければならない。そのときに必要なのは、人をぐいぐいとひっぱっていくリーダーシップだけではなく、「けが人はいないか」「逃げ遅れたものはいないか」あるいは「忘れ物はないか」と見て回ってくれる、そのようなリーダーも求められるのではあるまいか。滑りやすい下り坂を下りて行くのに絶対的な安心はない。オロオロと、不安の時を共に過ごしてくれるリーダーシップが必要なのではないか。

最近は、「リーダーシップだけではなく、フォロワーシップも必要だ」と言われるようになった。それは、前章の大学入試改革の項で触れた「参謀の楽しみ」と言い換えてもいい。リーダーに必要な情報を伝える。厳しい諫言もする。そして、リーダーに万一のことがあれば、それに取って代わって指揮も執る。

鷲田さんは、震災から二週間後に行われた大阪大学の卒業式で式辞の最後に、故梅棹忠夫先生の言葉を引いて、以下のように述べた。

請われれば一差し舞える人物になれ

## 対話劇を創る

『東北発未来塾』の学生にも、ふたば未来学園の生徒たちにも、対話劇を創るというワークショップを進めてきた。

どちらも簡単な演劇のワークショップを受けてもらってから、被災地に取材に出かけて、それを題材に劇を創る。まず彼らにお願いしたのは以下のような事柄だ。

私は「対話劇」を、一つの主義主張を伝えるのではなく、異なる価値観や意見を持った人々が登場し、戸惑ったり、理解し合ったりしながら対話を進めていく演劇のスタイルと定義している。だから、ここでは、「復興が進んでいる」とか「希望が見えてきた」とか、まして「絆」だとか「思いやり」だとか、そんなものは描かなくていい。

復興は進んでいないのだ。

なぜ、復興が進まないのかという現実をまず直視しよう。多くの人々が、善意で復興に取り組んでいるにもかかわらず、それが進まないのはなぜなのかを、君たちは考えよう。その時に大事なのは、誰かを悪者にするのではなく、一人ひとりの善意を信じながらも、遅々として進まない復興の難しさを描くことだ。

『東北発未来塾』の一つの班は、いわき市内の仮設商店街を取材した。現在、仮設商店街は賑わっているのだが、数年後には、市が建てる大規模商業施設に移転しなければならない。移転後は家賃も支払わなければならないことから、廃業を決めた店舗も多い。ここで行政の一方的な措置を批難するのはたやすい。しかし、この大規模商業施設の建設を進めているのも、いわき市民なのだ。将来の被災地の発展を考えるなら、集客力のある施設を作った方がいい、それなら若者も戻ってくるという考えにも一理ある。

実際、この班も、当初は、東京から来た開発業者を悪者にすることで話を進めようとしていた。しかし、それではリアリティに欠けるという私の指摘を受け、その業者もまた、若者が集まるようなおしゃれな施設を真摯に作ろうとしているという設定となった。その善意もまた、古くからの商店街になじんだ人々にとっては仇《あだ》となる。

劇作家とは、つくづく因果な商売だと思う。およそ、あらゆる職業の人々は、人間の幸せを願うように出来ている。しかし劇作家は、人々がどうすれば困るかだけを考えている。いつも、意地悪な視点でものを見ている。

たとえば、私は劇作家の卵たちへの授業では、以下のような問いかけをする。

アメリカでしか手術が受けられない難病の子どものために、数千万円の寄付を集めるという美談がよく報じられる。では、この両親の職業が、何であったら一番「困る」だろう？

答えはいくつも出て来る。医者、政治家、風俗嬢、犯罪者……。そのいずれもが正しい。そして、私が用意している答えは、「難民救済の国際ＮＧＯのリーダー」である。彼らは、何千万円もの寄付を集めるノウハウもコネクションも持っている。しかし、その金を集めてしまったら、何千人というアフリカの子どもたちを救えるのだ。それでも自分の子どもを手術のためにアメリカに送るかどうか……。

劇作家は、いつも、こんなことばかり考えている。こんな意地悪なことばかりを考えている。この十数年、日本の教育界では「問題解決能力」ということが言われてきた。しかし、本当に重要なのは、この点、「問題発見能力」なのではあるまいか。

私は、福島の子どもたち、若者たちにも、このような視点を持ってもらいたいと思っている。自分たちを不幸にしているものは何なのか。それは、どういった構造を持っているものなのか。きちんと直視するだけの力と、それを引き受けるしたたかさをも持ってもらいたいと願っている。

ふたば未来学園のワークショップは、各クラス五チームに分かれて全員が創作に参加し、まずクラス内で発表を行った。その中から二チームをクラス代表として選抜し全校で観劇。最優秀に選ばれたチームは、その内容を英語劇に翻訳して、その夏ベラルーシでの公演も行った。

この最優秀の班の作品は、双葉郡やその周辺各地に東電が開設している補償相談センターの相談窓口の一つが舞台になっている。冒頭、地元住民たちが友達数人で相談にやってくる。そこに、久しく見なかったかつての高校の同級生が通りかかる。同級生は怪訝な仕草で去って行き、相談の方も、それぞれの要求がまちまちで、すぐに解決できるものではない。再度、同級生が通りかかったときに、彼が東電の職員であることが分かる。高校時代に成績の良かったこの同級生は、大学進学後に東電に入社しており、最近になって故郷の相談センターに配属となったのだった。

原発事故後に最も苦しい避難生活をした友人の一人は、この同級生にくってかかるが、周囲の取りなしもあって、その場は収まる。それぞれの原発事故への思いにも温度差があり、何も解決をしないまま、この作品は幕を閉じる。

この舞台には、何も結論はない。復興が進まず、コミュニティは断絶されたままである以上、何かの結論など出すことはできない。

生徒たちには、まず、辛いかもしれないが、この現実を、きちんと描写しようと言ってきた。

## 地域の自立再生とは何か

震災後の五年間、日記をめくって振り返ってみると、平均して一月に一回は被災三県のどこかの街を訪れていた。様々な街の思い出を書き記せばきりがない。ここでは、二〇一三年一月に、『新しい広場をつくる』の準備稿の意味も兼ねて、雑誌に投稿した記事をもって、この章の結びとする。

職業芸術家は一度亡びねばならぬ
誰人もみな芸術家たる感受をなせ
個性の優れる方面に於て各々止むなき表現をなせ
然《しか》もめいめいそのときどきの芸術家である

これは、宮沢賢治の『農民芸術概論綱要』の一節である。賢治は、一九二六年、花巻農学校を退職し、羅須地人協会を設立する。この『農民芸術概論綱要』は、昼は農業、夜は農民と共に芸術を楽しみ、科学やエスペラント語を学ぶというこの協会のマニフェスト（宣言文）であり、教科書でもあった。

いったい、この言葉の意味は何だろう。

なぜ賢治は、岩手の農民たちに、「誰人もみな芸術家たる感受をなせ」と呼びかけたのだろう。

被災地の復興には、巨額の財政支出が必要となる。安倍政権は、民主党政権の決めた五年で一九兆円という復興予算に、さらに積み増しを行った。あれだけの大震災による被害を受けたのだから、相応の負担を国家がすることは、決して間違いではないと私も信じる。しかし一方で、巨額の財政支出は、市民の自己判断能力を失わせ、地域の持続的な自立を妨げる可能性があることも否めない。「復興のジレンマ」とも呼べるこの状況を克服する方策はあるのか。

地域の自立性の回復のために、真に必要な施策とは何だろうか。

かつて、旧産炭地を保護するために、様々な政策がとられた。それらの地域では、政府保証の地方債が、なかば無制限に発行され、多くの施設が作られた。

しかし、その結果はどうだっただろう。

破綻した夕張の状況を伝えるニュースの中で、解体される観覧車の映像は記憶に新しい。夕張市の北隣、同じく旧産炭地の芦別市にも、大観音や五重塔のホテルといった不思議な建物が林立している。一〇〇億円以上が拠出されたというこのリゾート施設は、数年前に総額一億円で売りに出されたそうだ。

夕張山系を挟んだ富良野市には、そんな建物は一つもない。

富良野はいまや北海道最大の観光地として、季節を問わず賑わいを見せている。さらにその北側、お花畑でアジア各国から観光客を集める美瑛町は、景観を守るために高規格道路の延伸さえも拒否していると聞く。

いったい、この違いはなんだろう。

自分たちの誇りに思う文化や自然は何か。そして、そこにどんな付加価値をつければ、よそからも人が来てくれるかを自分たちで判断できる能力がなければ、地方はあっけなく中央資本に収奪されていく。

私はこのような能力を、「文化の自己決定能力」と呼んでいる。

現代社会は、資本家が労働者をむち打って搾取するような時代ではない。巨大資本は、もっと巧妙に、文化的に搾取を行っていく。「文化の自己決定能力」を持たずに、付加価値を自ら生み出せない地域は、簡単に東京資本（あるいはグローバル資本）に騙されてしまう。

ここで重要なのは、旧産炭地（もちろん、すべての旧産炭地がそうだったと述べているわけではない）が、手厚い保護政策のために、自分の懐が痛まないという錯覚にとらわれた点だろう。要するに、利用額無制限のクレジットカードを持ってしまったようなものだ。もう少し厳しい表現を使うなら、開発政策の犠牲になった先住民族たちを、保護政策でアルコール依存症にしてしまうようなものだと言い換えてもいい。

地域の自立再生には、そのような一方的な保護政策に打ち勝つための「文化の自己決定能力」が、どうしても必要だ。

ではその能力（センス）は、どのようにして育つのだろう。それは畢竟《ひっきょう》、小さな頃から、本物の文化芸術に触れていくことからしか育たないと私は思う。もしそうだとするならば、東京の一人勝ち状態は、今後も半永久的に続くことになる。なぜなら首都圏の子どもたちには、それだけの機会がふんだんに保証されているのだから。

かつて工業立国の時代においては、市民のどれだけが九九を諳《そら》んじられるか、どれだけが化学式に親しんでいるかが、地域や国家の競争力を決定してきた。そして日本は、世界でもまれにみる、教育の地域間格差の少ない国を創り上げてきた。

しかし、サービス業中心の現代社会においては、付加価値を生み出す力、文化の自己決定能力が地域の競争力を決定する。

このまま有効な文化政策をうたなければ、東京と、その他の地域の文化格差は、今後も広がる一方になるだろう。東京一極集中の最大の要因はこの点にある。

もうひとつ重要なことは、いまや公共事業だけを行っても、地域の経済は回らないという点だろう。

かつては、公共事業によって関連会社が儲かれば、その従業員たちが商店街で買い物をし、飲食をして、街全体を潤すことができた。しかしいまは、郊外のショッピングセンターで買い物をし、ファミリーレストランで食事をとってしまったら、地域で金が一周する前に、すべてが東京資本に吸い上げられてしまうことになる。

そこで人びとは、「地産地消」を叫ぶようになった。しかし、エンゲル係数が二五%を切るような先進国では、農産品だけを地産地消していても、やはり地域の経済は回っていかない。

消費社会において重要なのは、「ソフトの地産地消」だ。自分たちで創り、自分たちで楽しみ、自分たちで消費する。そこに付加価値をつけると、他の地域の人びとをも楽しませることができる。

昨今のB級グルメの隆盛は、まさにこの典型だ。テレビからの映像でも、あの祭典は、参加している人びとが一番楽しんでいることが伝わってくる。

そのような創造性がなければ、地域の自立再生はあり得ない。

被災地の復興においても、事情は同じだろう。

被災三県、それぞれに再生の道は違ってきているが、たとえば岩手三陸地区で言えば、農業・漁業の高度化がその鍵となることは間違いない。

第一次産業の高度化とは何か？　話を簡素化して考えてみよう。

三陸沖は世界最高峰の漁場の一つとされ、高級な魚介類が豊富に捕れる。たとえば、ここで捕れたアワビを、漁協を通じて一個一〇〇〇円で出荷していたとする。それが回りまわって、築地の料亭で美しい器に盛られて、一万円で供される。

さてこれを、三陸の地元で、観光などとも結びつけて、少しおしゃれな器に盛って、あるいはフレンチやイタリアンの食材として新しいメニューを開発し、三〇〇〇円、四〇〇〇円で売ることは、決して夢物語ではないだろう。そのような先進事例は、各地で枚挙にいとまがない。先に記したB級グルメも、その一つだろう。そのような新しい地域振興が図れれば、地元に雇用が生まれ、さらなる消費が生じる。

一〇〇〇円で、漁協を通じて東京向けに出荷することと、リスクをとりながらでも三〇〇〇円で地元で消費をすること。この二〇〇〇〇円の違いが「付加価値」である。付加価値とは何か。それはとりもなおさず、「人との違い」ということだろう。漁協に一律いくらではなく、そこに消費の多様性を見いだし、付加価値をつけていく。付加価値をつけることを前提にして、すべての生産体制を柔軟に見直していく。これを称して、第一次産業の「高度化」「六次産業化」と呼ぶ。

そんなことはみんな分かっている。分かっているけれども、それができないのはなぜだろう。農協や漁協が悪いのか。私はそうではないと感じる。付加価値を生み出すだけの人材が、決定的に不足している。

震災以降、私は様々な形で、被災地の創造型復興教育のお手伝いをしてきた。「創造型復興教育」とは、被災地の子どもたちの心のケアから始まり、さらには未来の地域再生を担う想像力と創造性を持った子どもたちを育てるために行われている多様な試みの総称だ。音楽・美術・演劇・メディアアートなどのワークショップや、食育、防災・防犯教育など、双方向型、参加型の多彩なプログラムが展開されている。文科省もそのための予算を、まだまだ少ないながら用意している。要するに、「文化の自己決定能力」を持った子どもたちを育てる教育だ。

しかし、地元の反応は弱いと言わざるを得ない。たとえば、二〇一一年度後半は、「すでに予算も確保してあるから」と言っても、教育委員会から「大変ありがたいお話なのですが、いま学習課程が二週間も遅れているんです。ワークショップどころではないんです」といった答えが返ってくる状況だった。あの大震災に見舞われて、校舎を流され、残った学校も避難所となるような体験をしながら、二週間の遅れで止まっている教育関係者の努力にはたいへんな敬意を表したいが、問題の本質はそこにはないだろう。

いったい、その学習課程とは、誰のための教育なのか？　いや、それを定めた文部科学省でさえも、非常時であるから柔軟な対応をというメッセージを幾度も出していたのだ。


今回の震災で、あらためて明らかになったことの一つは、いかに東北が東京の、あるいは京浜工業地帯の下支えになってきたかという事実だった。それは電力やサプライチェーンだけのことではない。東北は長く、東京に対して、中央政府に対して、主要な人材の供給源だった。日清日露の戦場ではまさに一兵卒として、大正、昭和期には満蒙開拓の先兵として、戦後は集団就職、出稼ぎの発進地として。

この人材供給のシステムは、高校の学校教育レベルから始まっており、偏差値の序列に従って中央へ中央へと人材が吸い上げられる仕組みとなっている。盛岡一高へ、岩手大学へ、東北大学へ、東京大学へ。進学は常に、上り列車に乗って進んでいく。

では、この三陸の地の復興は誰が担うのか？

まだ、この期に及んで、国家のための教育を続けるのか？

私たちは高度消費社会に生きている。どんなに学校の成績がいい男の子でも、料理が好きならばフランス料理のシェフになった方が生涯賃金は高いはずなのだ。しかし、地方ほど、「普通科信仰」のもとで、子どもたちは偏差値という尺度だけで輪切りにされ、選抜されていく。しかも、その選抜は、決して地域のための選抜ではない。子どもたちの未来のための選抜でもない。

地域はすでに教育の段階から、付加価値を生みにくい構造になっている。

もちろん、東北にも、地域のための人材を育成する新たな試みが生まれてきている。たとえば福島県いわき市のいわき総合高校は、総合高校であるメリットを最大限に生かし、ユニークなコースを多彩に準備して徹底した少人数教育を行っている。

駅伝で活躍した「山の神」柏原選手が在籍した「スポーツ健康系列」、東北で唯一の演劇コースを有する「芸術・表現系列」、フードコーディネートなどの授業を含む「生活・福祉系列」など。この高度できめ細かな教育システムを求めて、福島全県、あるいは他県からも受験者があると聞く。

八戸東高校は、一〇年前に「表現科」を設置し、演劇やダンス、映像などの授業を取り入れると同時に、在学中からまちおこしの一助を担うようなプログラムを展開している。卒業生はいずれも、郷土に誇りを持って巣立っていく。

宮沢賢治は、当時の最先端の農業技術を岩手・花巻の農民たちに伝授しようとした。しかし、それだけでは、農民の本当の幸福は得られないと賢治は感じたのではなかったか。宮沢賢治が花巻農学校を退職し、羅須地人《らすちじん》協会を作ったのは、その限界を超えて、農民たち一人ひとりの感性を磨き、文化の自己決定能力を身につけさせるためではなかったか。

誰人もみな芸術家たる感受をなせ

個性の優れる方面に於て各々止むなき表現をなせ
然もめいめいそのときどきの芸術家である

それは決して、理想論でも、夢物語でもない。

かつて奥州は、平泉にあれだけの金色堂を建てるほどの富を持っていたはずなのだ。

司馬遼太郎氏は、繰り返し、「南部一藩は米本位制の徳川幕藩体制に組み込まれなければ、デンマークのような酪農国家になる可能性を秘めていた」といった趣旨のことをお書きになっている。しかし、南方由来の稲作を無理に行ってきたために、この地は毎年のように冷害、飢饉におびえなければならなかった。

宮沢賢治は、同じ『農民芸術概論綱要』のなかで、以下のようにも書いている。

曾《か》つてわれらの師父たちは乏しいながら可成《かなり》楽しく生きてゐた
そこには芸術も宗教もあった
いまわれらにはただ労働が　生存があるばかりである
宗教は疲れて近代科学に置換され然も科学は冷く暗い

東北、被災地が真の自立を目指すならば、そこに暮らす民草の一人ひとりが芸術家となって感性を磨き、地域の付加価値を高めていく以外に近道はない。二つの三陸大津波の年に生まれ、そして死んでいった賢治の祈りが、いま、何よりも切実なものとなっている。

（日本都市センター機関誌「都市とガバナンス」ｖｏｌ．19より。一部改変）

# 第五章　寂しさと向き合う——東アジア・ソウル、北京

## 『新・冒険王』

二〇一五年五月、私は、前出の城崎国際アートセンターに一ヵ月滞在し、日韓合同公演『新・冒険王』という作品を創った。

もともと二〇年ほど前に『冒険王』という作品を書いていた。これは一九八〇年のイスタンブールの安宿の一室を舞台に、そこに長期滞在する日本人バックパッカーたちの生態を描写した戯曲である。イスタンブールは昔も今も、バックパッカーたちにとって最も大事な街の一つだ。ヨーロッパを回って、これからいよいよインドに向けて旅立つ者。インドから中東の苦しい旅を終えて、やっとヨーロッパにたどり着いた者。あるいはこれからシリアを抜けてアフリカ方面へと向かう者。様々な若者が集い、情報交換をする街なのだ。

ところが一九八〇年当時、ソビエト軍のアフガニスタン侵攻と、イランにおけるイスラム革命や、テヘランでのアメリカ大使館占拠事件によって、白人たちがイランに入れなくなり、必然的にイスタンブールからインド方面へ向かう長距離バスが出なくなってしまった。日本人は、イランに入れないことはないのだが、長距離バスが出ないので、小さなバスを乗り継いで行くという選択しか残っていなかった。

多くのバックパッカーが、この街で足止めを食らい、あるいはアテネまで戻って空路でインドに入るかという状況判断を強いられることになった。『冒険王』では、こうして東にも西にも行けなくなった、七〇年代末の日本人の若者たちの姿が克明に描かれている。

この作品は、私にとっては数少ない実体験を元にした戯曲である。私はこのとき、一七歳、自転車で世界一周旅行をしている最中であった。一七歳の私は、一九八〇年の冬と夏、それぞれ一〇日間ほど、この街に滞在し、『冒険王』の舞台となったような安宿で、怠惰な日々を過ごした。そして、このイスタンブールでの時間は、その後の私の人生を大きく決定づける重要な時間にもなった。

私はこの滞在中に、人生の目標を作家になることに定め、そのために長い放浪の時間に区切りをつけて、大学にも行こうと決めたのだった。このイスタンブールの安宿での滞在がなければ、私はいまでもどこか異国の地を漂い続けていたかもしれない。『冒険王』とは、そういった思い出深い作品である。

『新・冒険王』は、二〇〇二年の同じイスタンブールの安宿を舞台にしている。九・一一の同時多発テロののち、アメリカ軍のアフガニスタン侵攻のあおりで、やはり、この街に足止めを食らってしまった、このたびは、日本人と韓国人のバックパッカーたちの生態が描かれる。

『冒険王』の舞台となった一九八〇年には、韓国人のバックパッカーはいなかった。韓国で海外旅行が自由化されるのは八八年のオリンピックのあと。さらに、しばらくの間、男性は兵役を済ませないと海外に出ることが難しい時代が続いていた。

九〇年代半ばからは、韓国の若い旅行者が、そこかしこに見られるようになり、多くの場合、貧乏旅行者のたまり場のような安宿では、日本人と同室にされる。たぶん、アジア人同士をくっつけておいた方がトラブルが少ないからだろう。

## 日韓ワールドカップと嫌韓の始まり

『新・冒険王』のもう一つのモチーフは、二〇〇二年のワールドカップ日韓大会だった。六月一八日、トルコ時間の午前九時半から日本・トルコ戦が行われ、日本代表チームはベスト16で敗退した。一方、その日の午後二時半（これもトルコ時間）、韓国対イタリア戦が行われ、延長戦の死闘を制して韓国はベスト8へ、さらにはスペインも撃破してベスト4に進出する。

『新・冒険王』は、この韓国対イタリア戦で、イタリアが前半に一点を入れたところから、韓国がゴールデンゴール（この大会では、延長戦に入った場合、先にゴールを決めた方が勝ちというサドンデス方式がとられていた）を決めた直後までの、ちょうど二時間がリアルタイムで描かれる。

まだタブレットのない時代、ネットも部屋までは届いておらず、観戦はロビーにある小さなテレビでのみ。午前中にあっけなく負けてしまった日本人たちは意気消沈して、安宿の一室でうだうだとしている。韓国人は試合の経過に一喜一憂し、ハーフタイムなどで部屋に戻ってきては大騒ぎをしている。芝居の構成は、ざっとこのような建て付けになっている。

さて、このときのワールドカップでは、韓国側に有利と見える審判の判定が続き、そのことをもって「韓国が審判を買収した」という噂がネット上に流れ、いまも、とりたてて嫌韓の方でなくても、それを信じている日本人（特にサッカーファンの方々）が意外と多くいる。まず念のため結論から言っておくと、そのような事実はない。このところ、FIFAの過去の不正が糾弾され逮捕者も出ているが、ことここに至っても買収の事実は確認されていない。そのような噂話をネット上で根強く流しているのは、日本と、そして韓国に負けたポルトガル、イタリア、スペインといった国々が中心になっている。

この戯曲を書くために当時の状況をあらためて丹念に調べていくと、非常に面白いことが分かってきた。ワールドカップ実行委員会の理事を務めていた私は、試合当日は宮城スタジアムでトルコ戦を観戦していた。ただ、そのためにかえって、実際の世間の感じ方はよく分かっていなかったかもしれない。いま調べてみると、日本人の主な反応は、以下の三つに大別される。

一、「まぁ、よく頑張った」「選手はよくやった」という一般的な感想。大手マスコミなどは、主にこの論調であった。
二、「なぜ、これまでうまくいっていたシステムを変えて、三都主《サントス》を先発で出したのだ」といったような、トルシエ監督の采配に対する批判。
三、「試合の終盤、もう少し積極的に攻めて、最後までゴールに執着して欲しかった」というサッカーファンたちの声。

そして、日本時間（韓国も同じ）で午後八時半から行われた韓国対イタリア戦で夜の一一時近くに韓国の勝利が決定すると、多くの日本人、特にサッカーファンは、悔しい思いと同時に、韓国の粘り強さを賞賛する声を上げた。ネット上のごく一部に、「買収でもしているのではないか」という負け惜しみの書き込みもあったが、それはきわめて限定的なものであった。マスコミだけではなく、ネットの世界でも、この時点では、「潔く負けを認めよう。悔しいが、韓国チームの勝利への執念は大したものだった」というのが主流であった。

実際、この韓国対イタリア戦のビデオを冷静に、そして克明に観ると（私はこの作品を書くために試合のビデオを二〇回ほど観たので）、韓国チームの戦い方と勝利の原因が、素人ながらも分かるような気がする。韓国は、ファウルぎりぎりのプレイを続け、イタリア選手たちはそれにいらつき、やがて審判の判定にも不満を持つようになる。野球やサッカーのような、審判の判定に重きが置かれるスポーツにおいては、通常の意味で「審判も味方に付ける」ことは勝利の必須要件だろう。イタリアの選手たちは、韓国選手の執拗な接触と、韓国応援団の大歓声や韓国に有利と思われる判定に、試合途中から明らかに「切れた」状態となっていた。その意味で、試合後半の「誤審」と呼ばれる判定は、イタリアチームが自ら引き込んでしまったものでもあり、おそらく当時の韓国代表チームの名将ヒディンク監督にすれば、すべて計算済みの試合運びであったろう。圧倒的に実力の差がある韓国にとって、おそらく、「相手をとにかくいらだたせる、疑心暗鬼にさせる」というこの方法以外にイタリアに、あるいはスペインに勝つ方法はなかっただろうから。

四日後、韓国がスペインにも勝利すると、ネット上での論調に変化が見え始める。「悔しい」という声が、やがて「韓国汚い」という論調へ、そして「韓国は審判を買収した」という根拠のないデマの拡散へとつながっていく。同胞として誠に情けない限りである。

私は、当時連載を持っていた新聞紙上で「百歩譲って誤審はあったかもしれないが、買収などという根拠のないデマを流すのは恥ずかしいことだ」といった文章を書いた。それに対しても批判のメールが多く届いた。いまなら、確実に「炎上」していたことだろう。「情けない限り」と書いたが、日韓関係のただ中に三〇年間身を置いてきた私にとっては、これは、ある種「よくあること」といった感覚もある。要するに一部の日本人は、韓国が自分たちより下に位置するときには応援をするが、自分たちより地位が少しでも上になると、そのことを受け入れられずに誹謗中傷を始める。

このワールドカップでの出来事は、現在の嫌韓ムードの一つの起点とされるが、厳密には、これも事実に反する。日韓関係はこのあと、日本における空前の韓流ブーム、韓国における日本大衆文化の完全開放によって、「直近一五〇年で最もいい状態」とまで言われた蜜月時代を迎える。

だがたしかに、その中にも、現在の嫌韓の萌芽は見られた。私は二〇〇四年あたり、すでにＮＨＫのディレクターから「韓流ブームの反動が怖い」という話を聞かされていた。日本の女性たちが韓流スターに熱を上げすぎていて、これはやがて日本人男性の嫉妬を呼ぶのではないかと言うのだ。「だって『冬のソナタ』を正座して観ている人とかいるんですよ」と、その当時は笑い話で済まされていたことが、やがて現実となった。

二〇〇五年の歴史教科書問題、二〇一二年の李明博《イミョンバク》大統領（当時）の竹島上陸から続く領土問題などが折り重なって現在の嫌韓・反日ムードが醸成され、そこにこれまで積み重なってきた嫉妬心や猜疑心が噴出したというのが、これまでの経緯である。

## インターネットという空間

もう一点、ここではインターネットという不思議な空間の特質について触れておかなければならない。

インターネットは、世界共通のメディアであり、私たちは、世界中と情報を共有しているという錯覚がある。しかし、このメディアは、国ごと、言語ごとに、そうとうに偏った情報しか流さないという特質を持っている。特に日本語や韓国語のような英語圏以外では、その傾向はますます強くなる。

たとえば試みに、「韓国対イタリア」「サッカー」といった項目で検索をかけてみる。日本では、どの検索サイトであろうが「買収」「疑惑」といった項目が上位に並ぶ。しかし、同じことをハングルで行っても、同様の結果にはならない。人間は、自分が読みたいと思っている情報、欲しいと思う情報の方に近づいていく。さらに昨今は、自分が広めたいと思っている情報に機械的にアクセスを集中させてランキングを上げるといった手法もあると聞く。こうして私たちは、一見、公正に見えるインターネット社会で、なかば無意識の情報操作の大海原に漂っている。

もう一つ、卑近な、わかりやすい例を挙げておく。

二〇一五年、新国立競技場問題が深刻化する以前、日本のネット上では、韓国の平昌《ピョンチャン》冬季五輪の施設建設の遅れが再三指摘され、「長野などとの分散開催が検討されている」という情報が飛び交い、日本のマスコミまでもがまことしやかに、このことを記事にした。これは、韓国のいくつかの市民団体が、そのような請願をしたということに端を発した情報で、韓国の友人に聞くと、ほとんどの人が「そんな話は、はじめて聞いた」と答えるほどの小さなニュースが拡大された例である。しかもこの話題は、日本の新国立競技場問題が浮上すると、ネットではまったく流れなくなった。情けなさに、涙も流れない。北京五輪の際にも、その運営の稚拙さを揶揄する情報がいくつも流れた。おそらく、これから日本は、その痛いしっぺ返しにあうだろう。

**確証バイアス**

心理学の世界に「確証バイアス」という言葉がある。人は誰でも、自分の主張に都合のいい情報、自分が下した判断を後押しするような情報を集めてしまいがちになる。またその逆に、反証となるような事実からは目を背けたり、あるいはその収集を怠ったりしてしまう。

最も有名な論理的説明は、「ウェイソンの四枚のカード」と呼ばれる事例だ。表に数字が書かれ、裏面は赤か緑のカードがあったとする。いまここに、「5」「4」「赤」「緑」とカードが並んでいる。「偶数の書かれたカードの裏面は赤である」という仮説を証明するためにどのカードをひっくり返すべきかを尋ねられると、多くの人は「4」と「赤」のカードか「4」のカードだけをひっくり返す。しかし、これは間違いである。先の仮説の反例になるのは、「表が偶数で裏が緑」のカードが発見されたときのみである。だから、本来なら「4」と「緑」のカードをひっくり返さなければならない（「赤」のカードをひっくり返して、裏が奇数でも、それは先の仮説の反証にはならない）。

もう少し分かりやすい例でいえば、星占いなどがあげられる。

朝のテレビ番組の占いで、「今日は意外な出会いがある」と聞けば、その日の出会いのすべてを「意外な出会い」と感じる。「今日は古くからの友人に助けられる」と聞けば、何か人から親切にされたことを、「古くからの友人の助け」と感じる（そのときには、付き合いが一、二年の友人でも、「古くから」にカウントしている）。だから、よく当たる占いとは、当たり障りがなく、誰でも経験しがちな事柄を、しかし、さも特別な事柄であるかのように書く文章力のことなのだ。これを「バーナム効果」と呼ぶ。

占いくらいならば実害は少ないのだろうが、これの厳しい例が血液型による性格判断である。

血液型による性格の偏りについては、まったく科学的な根拠がないことが証明されているにもかかわらず、これを信じている人は多い。「A型は几帳面」「B型は適当」といった先入観を持っていると、それに合致した例証ばかりを集めてしまう。たまに例外（と思われる事例）があっても、「あれ、○○さんって、B型なのに、けっこうしっかりしてるね」などと文字通り「例外扱い」をする。

これを「血液型占い」と呼ぶように「占い」の範囲として止めておくのなら可愛げもあるが、さも科学的な事実のようにあらゆる局面に適用を施すと悲劇が起こる。ひどい場合は、職場の配置などにこの血液型による性格分析を使う企業もあり、これを「ブラッドタイプ・ハラスメント」、通称「ブラハラ」と呼ぶらしい。

おそらく、ネット社会はこの「確証バイアス」を加速させる傾向にある。私自身も、日常生活では、自分の感性に心地いいサイトしか見ないし、リンクも張らない。面白いことに、四国学院大学の新制度入試でも、多くの学生は自説に有利な事柄しか検索しない（だから逆に、自分に不利な要素も検索し、自論の強化に充てようとする学生は、評価が高くなる）。

ここ数年の嫌韓・嫌中ブームの不気味な広がりと、ネットにおける確証バイアスは強い相関性があるだろう。もちろん左翼陣営の側にも同様のことは起こっているに違いない。

前章で記した福島の放射能汚染を巡る話題にも、この傾向は強い。原発推進派も反対派も、無意識に自分に有利なデータだけを引き寄せるので主張が先鋭化しやすい。

## 韓国の病

話を『新・冒険王』に戻す。

『新・冒険王』の主題の一つとして、私は企画書に以下のような文章を書いた。

日本は、アジアで唯一の先進国の座から滑り落ちたことを、まだ受け入れられない。韓国は、先進国の仲間入りをしたことに、まだ慣れていない。

ここ数年の日韓のぎくしゃくとした関係は、このお互いに不慣れな状態を、両国の政府も国民も、まだ受け入れかねているところに起因すると私は考えている。そして、それを舞台の上でどうにか表現できないかと思って創ったのが、『新・冒険王』という作品であった。

このテーマについて、韓国側のパートナーである劇作家・演出家のソン・ギウンさんや、出演する韓国人俳優たちとも何度か話し合った。彼らの共通認識は、「韓国はまだ、先進国ではない」というものだった。この点については、『新・冒険王』韓国公演のためにソウルに滞在しているあいだ、毎日のように受けたマスコミの取材でも、記者たちから同様の意見を聞いた。私は、その認識そのものの中に韓国の課題が含まれているのではないかと答えた。

二〇一四年に韓国で大ヒットし、翌春、日本でも公開された『国際市場で逢いましょう』(原題は『国際市場』)という韓国映画がある。

朝鮮戦争で生き別れとなった家族が、釜山の国際市場(日本のアメ横のような市場)で小さな店を守りながら帰らぬ父を待っている。韓国版フォレスト・ガンプともいえるこの作品は、韓国の戦後史を実話を交えながら丁寧に、そしてコミカルに描いていく。

映画の中では、折に触れて、かつての韓国の貧しさが描かれる。「国の力が弱いから植民地化されたのだ」「国が貧しいから分断されたのだ」といった台詞が繰り返される。

韓国にとっての戦後は、単なる復興ではなく、北朝鮮との経済競争に勝たなければ、いつまた戦乱に巻き込まれるか分からないという国運を賭けた戦いだった。彼らもまた、祖国防衛戦の長い坂道を登ってきたのだ。

一九六〇年代以降、外貨獲得のために様々な海外進出の施策がとられる。この半島の南側にはめぼしい資源はなく、故に輸出できるものは、人間以外、何もなかった。この映画の主人公も、西ドイツへ炭鉱労働者として出稼ぎに行き、同じ境遇にあった韓国人看護師と出会い結ばれる。

韓国はやがてベトナム戦争に参戦し、主人公も戦争ビジネスへと参入する。七〇年代からは中東への建設労働者派遣も始まる。これらの過酷な労働力輸出で得た外貨が、韓国の工業化の原資となった。

またこの映画では、八〇年代の離散家族との再会や、現代の韓国で、若者たちが途上国からの労働者を差別する姿もきちんと描かれている。

韓国は、第二次大戦以降に独立した国で唯一、オリンピックを開催し、ワールドカップを開き、そしていまGDPでは世界一三位ということになっている（二〇一四年の名目GDP・ドル換算）。韓国より上にいるのは、G8の他には、中国、ブラジル、インド、オーストラリアという地域大国ばかりである。GDPだけではなく、他の様々な指標を見ても、韓国はすでに先進国の仲間入りをしていると考えていいだろう。

植民地支配の屈辱からの脱出と、北朝鮮との緊張関係をテコに、この国は急速な経済成長を遂げ、先進国の仲間入りを果たした。そして、日本もそうであったように、いや日本以上に、その急速な発展のしわ寄せが、現在の韓国社会を覆っている。あるいは、急速な発展の末の虚脱感も深刻だ。

私は、二〇〇二年、やはり日韓合同の舞台作品『その河をこえて、五月』を制作した。この作品の中には、カナダへの移民を希望する韓国人の家族が登場する。この家族は、けっして貧困層ではない。どちらかと言えばエリート階級に属する一般家庭が、子どもの教育などを考えて移民を希望し、いやがる老母を説得しようというのが、物語の一つの軸になっていた。

戯曲執筆にあたって、このときもパートナーの劇作家、演出家に、この点について何度も聞いてみた。

「韓国人は、いつもあんなに『愛国心』と言うのに、なんで、先進国になったいまでも、こんなに移民が多いのですか?」

そして、これも同様に、「いや、韓国はまだ先進国ではありません」という答えに続いて、韓国側は口をそろえて、「生きづらさ」「息苦しさ」を移民の理由に挙げた。当時、新しく出来た仁川国際空港のロビーで、「こんな国、二度と戻ってくるか」とつばを吐き捨てる移民家族の姿が写真に撮られ話題になったとも聞いた。

### ヘル朝鮮

あれから十数年が経って、いま、状況はさらに悪化している。現在の韓国社会は、日本以上の激しい競争社会であり、いわば国家全体がブラック企業化している。成功者であっても一瞬たりとも気の抜けない、文字通り「息苦しい」社会になってしまった。

一九九〇年代末のアジア通貨危機以降、経済優先、大企業優先の政策がさらに加速した。格差は広がり、特に財閥による寡占が進んで、社会的不公正は抜き差しならないところまで来ており、それに対する怨嗟の念が社会全体に渦巻いている。大財閥韓進《ハンジン》グループ会長の長女が起こした、あの大韓航空「ナッツリターン」事件は、その一つの象徴に過ぎない。

多くの若者たちが、「韓国はまだ先進国ではない」と感じる大きな理由の一つも、この富の偏在、財閥による寡占状態を根元とする社会的不公正の蔓延にある。二〇一五年には、そんな韓国社会を揶揄する言葉として「ヘル朝鮮」（＝地獄のような朝鮮社会）という言葉がネットを中心に流行した。

さて、ここまでは、おそらく韓国の若者たちも共通の認識を持っている。しかし私が問題だと思うのは、そして個人的に一番関心があるのは、先にも書いたように、客観的に見ればすでに立派な先進国であるはずの韓国と韓国人が、対外的には先進国であるとアピールをしながらも、実際の国民感情としては、自分たちは先進国だとは思っていない、さらに厳しい言い方をするならば先進国としての自覚がないという点にある。

これまでは、政局が不安定になると、対北朝鮮カードか反日カードを切ることによって危機意識や愛国心をあおり、政権への求心力を高めるというのが歴代韓国政府の常套手段であった。古くは北朝鮮が掘ったという侵攻用の秘密のトンネルが、政権に都合よく、国内政治が不安定な時期に「発見」「発表」されるといった歴史から、李明博前大統領が政権の末期に行った竹島上陸のパフォーマンスに至るまで、その例は枚挙にいとまがない。それは、貧しく小さな国であった韓国が、極東の不安定な国際政治を生き抜いていくためには、きわめて当然の政策であり知恵であったのかもしれない。しかし、北朝鮮に対する圧倒的な経済的優位が明らかとなり、また民間ベースでの対日交流がこれほど盛んになった現在においては、対北朝鮮カードも反日カードも国民全体を動かすほどの力はもはやない。では、そのような対外圧力を利用せずに、どのように国を導いていくのか。おそらく、まだ韓国の政治家たちも、その答えを見いだせてはいないのだろう。

高度経済成長が終わりにさしかかろうとしているいま、韓国社会も韓国人個々人もアイデンティティの喪失の危機に直面している。成長から安定への落差は、日本以上のものがあるだろう。いったい、韓国はどこに行こうとしているのか。それがいまの私の、隣国に対する最大の関心事だ。


いまの日韓のぎくしゃくとした関係は、下り坂を危なっかしく下りている日本と、これから下りなければならない下り坂の急勾配に足がすくんでいる韓国の、そのどちらもが抱える同根の問題を、どちらも無いことのように振る舞って強がりながら、国を賭けてのチキンレースをしているようにしか見えない。

そしてその傍らには、青息吐息になりながらも、猛スピードで急坂を登っていく中国という巨人がいる。問題は一筋縄では解けないだろう。

だが、合わせ鏡のような存在の日韓両国は、だから、この下り坂をお互いに認めて、その寂しさを共有することも可能だと、私は希望も抱いている。成長を捨てた代償として得る成熟の果実を、私たちは求めるべきではないか。

## 北京へ

二〇一五年の初夏、韓国公演が終わって一〇日ほどして、別の作品の上演のために北京に赴いた。今回の劇場は北京の中心街から少し離れたところにあり、古い町並みと、その町並みを再生しておしゃれなカフェなどが建ち並ぶ繁華街が隣接した地域にあった。街を歩けば、いったいこれのどこが共産主義国家なのかと思うほどに貧富の差は歴然としており、本当に不思議な感覚に襲われる。

それでもやはり北京全体は活気に満ちている。上海市場の株の乱高下はすでに始まっていたが、とりたてて深刻な様子は感じられなかった。

日本がアジア唯一の先進国から滑り落ちたことを受け入れられない人々は、この一〇年、繰り返し、中国経済の崩壊を予想してきたが、結局、大きな破綻は起こらずに、中国は米国に次ぐ経済規模を獲得するに至った。

しかし、この「崩壊警報」は、いまも高らかに鳴り続けている。たとえば同じ二〇一五年夏、中国の経済成長率が六・九%と、目標の七%を切ったことが発表された時の日本国内の報道は、まさに鬼の首を取ったようであった。

もちろん、この数字には、いろいろな見方があるだろう。

・全体主義国家であるから数値の改竄《かいざん》などはいくらでも可能で、実態はもっと悪いのではないか（ワイドショーでは、この見解が主流だったように見えた）。
・数値目標の七％を下回る数字を出したのは、意外と正直なのではないか。
・いやいや、正直なのではなく、経済の衰退が隠しきれずに、ギリギリ許容できる範囲として六・九％という数値を出してきたのではないか。

確かに、中国経済の成長が、これまでよりは緩やかになってきていることは間違いない。しかし、それでも「六・九％」である。あの巨大な国家が、毎年七％前後で成長をしているのだ。ちなみに七％成長ということは、一〇年も経たずに、ＧＤＰがさらにいまの二倍になるということを示している。

おそらく今後も、いくつもの小さなバブルが弾けていくのだろう。それでも中国本体は経済成長を続けていく。一四億の民が豊かになろうという物欲の巨大な波は、小さなバブルを次々に飲み込んでいくだろう。近隣諸国は、あるいは世界経済は、その小さなバブル崩壊のたびに右往左往させられる。そして残念ながら、日本は最も激しく右往左往させられる国となるだろう。なぜなら、中国の経済破綻を望む日本人の潜在意識が、隣国に対する冷静な判断を出来なくさせているから。

ゆっくりと衰退していく自国の姿を受け入れることは、寂しいことである。しかし、私たちは、その寂しさに耐えなければならない。

序章で掲げた金子光晴の『寂しさの歌』という詩は、実は、先に触れた『冒険王』のなかで引用したものだった。再び、ここで繰り返す。

遂にこの寂しい精神のうぶすなたちが、戦争をもつてきたんだ。
君達のせゐぢやない。僕のせゐでは勿論ない。みんな寂しさがなせるわざなんだ。
(中略)
僕、僕がいま、ほんたうに寂しがつてゐる寂しさは、
この零落の方向とは反対に、
ひとりふみとゞまつて、寂しさの根元をがつきとつきとめようとして、世界といつしよに歩いてゐるたつた一人の意欲も僕のまはりに感じられない、そのことだ。そのこと

だけなのだ。

## 文明と文化の違い

司馬遼太郎さんは、文明と文化の違いということを繰り返し書いている。

簡単に定義するなら、文明は客観的合理性を持ち、だれもが参加できる普遍的なもの。文化は逆に、不合理なものであり、民族などの特定の集団においてのみ通用する特殊なもの。

司馬さんはまた、「日本は文化は創ることができるが、文明を創り出し、輸出できるような国ではない」とも繰り返し述べている。文明は、民族や国境を越えて伝播する。異なる言語を話していても、中華文明圏の多くの国が漢字を使うようになった。アルファベット、アラビア文字も同様だ。あるいは、世界中の人間がナイフとフォークで食事をするようになったり、世界中の若者がジーンズをはくようになったり、これらもまた「文明」と呼んでいいだろう。

司馬説では、このような文明を生み出せるのは、国家の中に多民族を抱えた連邦国家のみである。中華文明、ヨーロッパ文明、アメリカ文明、イスラム文明……日本文明という言葉はない。たとえばサミュエル・ハンティントンが『文明の衝突』のなかで、「日本文明」を世界の八つの文明の一つに挙げているから異論もあるだろうが、しかしハンティントンは、その文明圏を日本一国に限っているので、少なくとも司馬さんの定義でいえば、やはりこれは「文明」とは言えない。

異なる文化が混ざり合い、押し合いへし合いしながら、やがて文明と呼ばれるものが生まれる。ただし、それは川底を転がりながら丸くなった石のように、えてしてつまらないものであり味気ないものかもしれない。

**新幹線はなぜ売れないのか**

文明と文化の違いを考える上で、いつも高校や大学のディスカッション型の授業で使う題材がある。

「なぜ、日本は高速鉄道の輸出で苦戦するのか?」

日本の新幹線は世界最高峰の技術を持っているはずなのだが、これがなかなかすんなりと海外への輸出に結び付かないのはなぜか? 大阪大学大学院あたりの学生ともなれば、当然、いくつかの模範的な回答を出してくる。

・オーバースペックでコストがかかりすぎる。
・安全基準が違う。
・在来線の線路を併用する欧米型と、完全に新線として敷設する新幹線では規格が異なる。

いずれも正解である。だが、ではそれらの問題に対応できたとして、「もしも君たちがドイツやフランス、あるいは中韓のライバル会社の営業マンだったとしたら、どのようなネガティブキャンペーンを張るだろうか？」

と学生たちに質問してみる。おしなべて日本の学生たちは、この手の質問に弱い。自己の技術のすばらしさは主張できるのだが、相手が自分のどの弱点を突いてくるかといった観点は、ほとんど持ち合わせていない。先に掲げた個別の理由の根底をなす、問題の「本質」は何だろう。

新幹線は、開業五〇年を超えたいまも、乗客が死亡する事故を一度も起こしていない。あの東日本大震災のときでさえ、東北新幹線は、当時運行中の二七本のいずれもが緊急停止に成功した（試験運転中のものが一本だけ脱線）。死者どころか、けが人の一人も出さなかった。

あるいは新幹線は、驚異的な定時運行能力を持っている。年間一二万本が走る東海道新幹線でも、平均の遅延時間は三十数秒と言われる。

これらが、日本の誇る安全で正確な「技術」である。まったくすばらしい技術であり、日本民族の末端に位置する私も、それを誇らしいと思う。だが、おそらくライバル会社は、ただひと言、このように囁くだろう。

「あれは、日本人だからできるんですよ」

あるいは、もっと性格の悪い営業マンなら、こうも付け加えるかもしれない。

「ちょっと、気持ち悪いですよね」

高速鉄道を走らせるのは文明である。誰もがそれを便利だと思う。だからどの国も、経済がある程度成熟してくると、高速鉄道を建設する。しかし、一〇分間隔でこれを運行し、さらに一分の遅れが出るのにも慎重になること、逆に言えば、一分の遅れで一般市民から苦情が来るのは、日本特有の「文化」である。

ここまでお読みになって、「時間通りの方がいいに決まってるじゃないか！」とお怒りになる方もいるだろう。だが「いいに決まっている」というのは、すでにその時点で一種の判断停止だ。それこそが「文化」の限界なのだ。こういう方は、前述の新制度の大学入試には受からない。

たとえばスペインやイタリアの高速鉄道では、列車が予定より数分早く終着駅に着くことがある。一時間に数本、途中の停車駅も少ない特急列車なら、それで誰も困らない。せいぜい車中で居眠りをしていた人と、ギリギリの時間に駅に出迎えに来た人が、「え、もう着いてしまったの」と戸惑うくらいだろう。世界中の大多数の人々にとっては、こちらの方が標準だ。

だが日本なら、早く着いても「時間通りではない」と文句を言う人さえいるかもしれない。スペインの高速鉄道「ＡＶＥ」では、一五分から三〇分の延着で五〇％、三〇分以上の延着で一〇〇％の払い戻しのシステムがある。日本人からすると、あらかじめ到着時刻の設定を緩めにしているのはインチキのようにも思える。私も少しだけ、そう感じる。

だが実際には、たとえば航空機は、日本の国内線でも、ときどき予定時刻よりも早く着いてしまうことがあるではないか。私たちは、別にそれをずるいとは思わない。まぁ、早く着いてしまって、「ご協力ありがとうございました」とわざわざアナウンスするのも日本だけかも知れないが。

世界には様々な文化がある。文化は客観的合理性によって成り立っているものではないので、よしあしではないし、まして優劣ではない。その文化の中に、良きところもあれば、悪しきところもある。それは時代や、もっと小さなタイミングによっても異なってくる。

二〇一五年初夏、私たちは城崎国際アートセンターで合宿を行い、日韓合同で『新・冒険王』を創った。日本人は世界有数の「計画好き」の民族である。一方、韓国人は、そういったことを嫌う傾向にある。あまり細かく計画を立てすぎると、「やるって言ってるじゃんか！」と怒り出すことがある。そして彼らは実際に、やると言えば、やる。お互いに交流事業になれているとはいえ、その程度の齟齬《そご》は今回も起こった。

その前年には、同じ国際アートセンターで、日仏の合同公演を創った。フランス人たちも計画を立てるのが苦手な民族だ。週末の観光の予定さえ立てられず、よく私に、「京都にするか広島にするか、ホテルの予約を取らないといけないから早く決めて」と急かされていた。ところが、まったく同じ時期（二〇一四年秋）に、ドイツ・ハンブルク州立歌劇場から、「二〇一六年一月△日のリハーサルは、オーケストラ付きで△時△分から始めるがよろしいか？」とＦＡＸが来た。

こんなに性格の異なる民族が陸続きで生活をしていれば、それこそ、幾たびも戦争が起こるだろう。日韓の間に、広く荒い海があったことは、やはり幸いであった。

## 文明の味気なさに耐える

もちろん、一つの民族、一つの文化の中にも、様々な感性を持った人々が暮らしている。性同一性障害と同様に、文化の同一性障害も当然、存在するだろう。

韓国人の中にも、きちんと計画を立てて物事を遂行する日本の風土を心地よく感じる人も多くいる。あるいは、日本人の中にも、新幹線の車中で、一分の遅れをうるさくアナウンスされることを疎ましく感じている人間も一定数いるだろう。

もう一点、異文化理解や相互交流には、「自分たちの標準とするものが、世界の標準であるとは限らない」という認識を、きちんと持っているかどうかという座標軸がある。

だから、これをマトリックスで考えるなら、四つの象限がここに立ち現れる。

一、自国の文化を愛し、それを標準として他者にも強要してしまう人。
二、自国の文化を愛しつつも、それが他の文化にとっては標準とはならないことを知って、適切に振る舞える人。
三、自国の文化に違和感を感じ、それを強制されることに居心地の悪い思いをしている人。あるいは、自国の文化に自信を持てずに、他国の文化を無条件に崇拝してしまう人。
四、自国の文化に違和感を感じても、それを相対化し、どうにか折り合いをつけて生きていける人。

異文化理解を進めるということは、とりもなおさず、二と四の象限の住人を増やしていくことに他ならない。

先にも記したように、文明はときに味気ない。人々は、多くの場合、自分の文化に安住しがちだし、それもあながち間違ってはいない。しかし、すでに私たちが国際社会に生きて、他国と没交渉ではいられない以上、一定程度、その味気なさに耐える力を身につけなくてはならない。自国の文化の一定部分を譲り渡す寂しさに耐えなければならない。四国の子猿たちが、勇気を持って橋を渡らねばならないように。

## 安全とは何か

再び、新幹線の話。

新幹線が売れない理由の一つであった安全基準の違いは、「安全」に対する日本人の感覚の特殊性にも由来する。

世界一安全な日本の新幹線が、安全設計上の問題で売れないというのは不思議に思われるかもしれないが、これもまた事実である。

日本の新幹線と、独仏の高速鉄道の姿を思い浮かべてほしい。日本の新幹線は動力分散方式を採用しているのに対して、欧州の高速鉄道は動力集中方式、すなわち機関車が前後について、他の車両を引っ張っている。そのため欧米の高速鉄道の先頭車両は、運転席と動力部分で占められていて乗客は二両目以降に乗車する。見た目も、新幹線の先頭車両のような流麗なフォルムではなく、ごっつい角張った車両が多い。

おそらく、どちらにも長所と短所があるのだろう。それはここでは問わない。

新幹線は、絶対に事故が起きないことを前提にして制度設計がなされている。そしてたしかに、開業以来五〇年、衝突事故どころか、人身事故も一度も起こしていないという素晴らしい成果を上げている。一方で、欧米の高速鉄道は、おそらく事故が起きた際に最悪の事態を避けるように、あるいは被害が最小限で食い止められるように設計がなされている。

新幹線の運行実績は素晴らしいが、しかし事故はいつか起こるのだ。そして、もし事故が起こったとき、新幹線のそれは、相当に壮絶なものになるだろうことは想像に難くない。欧米のライバル企業は、高速鉄道の売り込みに当たって、当然、ここのところを突いてくるだろう。

「だって、原発は事故を起こしたじゃないですか」

いや、原発事故を引き合いに出すまでもなく、ＪＲ西日本は、二〇〇五年の福知山線脱線事故で一〇七名の死者を出している。これは先進国で起きた列車事故の中でも、相当に大きな事故であった。

## 零戦のこと

福島第一原発事故で問題になった日本の「安全神話」は、民族の体質、すなわち文化に由来するものだと思われる。

よく言われることだが（私も何度か書いてきたが）、たとえば零戦《ゼロせん》。一九四〇年の時点で、零式《れいしき》艦上戦闘機いわゆる零戦は、確かに世界最強だった。一対一でのドッグファイトでは、パイロットの技量が同等なら、絶対に負けることがない無敵の戦闘機だった。

しかし、零戦には、徹底した軽量化のために防御機能を極端に減らしたという弱点があった。特に、パイロットを守るための防弾が弱かったとされている。この点も、専門家の間では諸説、評価は分かれるところらしいが、私は、基本的には、ここでも制度設計の文化の違いがあったように思う。陸軍も海軍も、決して単純な意味で、最初から人命を軽視したわけではないだろう。優秀なパイロットを育成するには、最低でも三年程度の時間を要するのだから、それを無駄にしていいわけがない。それよりも、「絶対に負けない」という設計思想に問題の本質があるのではないか。絶対に負けない飛行機を作れば、確かに防御の必要はない。だが、そのような無敵の戦闘機は、この世に存在しない。

最終的に米軍がとった零戦対策は、至極単純なものであった（もちろん、他にも複数の対策があったが）。

「零戦に対しては、二機であたれ」

この単純な対処法をもとにした物量作戦により、零戦はあっけなく撃ち落とされ、多くの優秀なパイロットの命が失われていった。さらに一九四三年以降には、アメリカ側の技術水準が加速度的に向上することによって、大戦終盤、日本の航空勢力は壊滅状態となった。

「絶対事故が起きない」「絶対負けない」という安全神話・不敗神話は、日本文化の特質である。しかし、事故は起き、零戦は敗れた。

## 最大の中堅国家

司馬遼太郎さんは繰り返し、「日本は文化を輸出できる国ではあっても、文明は輸出できない」と書いた。

しかし逆の見方をすれば、日本は（あるいはドイツも）、ときとして、文明を輸出できる大国であると錯覚をしてしまう、それほどの高い技術を持っているのだろう。

おそらく一九四二年のある時点で、日本とドイツが占領した地域は、東半球の七分の一程度にはなっていたのではあるまいか。この両国は、世界最大の中堅国家であり、瞬間的には、それだけの侵略を行える国力や技術を持っていた。だがしかし、この両国は、それだけの帝国を維持できるような資源を有する大国ではない。それ故に兵站《へいたん》が間に合わず、あるいは日本軍に至っては兵站という概念すら薄く、侵攻先でひどい収奪を行わざるを得なくなった。

もう一点、日本の「絶対負けない」という不敗神話は、おそらく、戦争に負けた経験がとても少ないという事実によっている。この国が、他民族と戦って明確に敗れたのは、六六三年の白村江の戦いと、一九四五年の第二次世界大戦以外にはない。およそ、どの国も、他国との戦争に勝ったり負けたりしながら、自他の長所と短所を知り、国の形を明確にしていく。自ずから、負け方、あるいは内田樹氏がよく用いるところの「負けしろ」の使い方を身につけていく。

軍事強国であるドイツを隣国とするフランスなどはその最たるもので、この国は、およそ戦争には弱いのだが、負けてからが強いという特殊性を持っている。オランダの狡猾さ、スイスの堅守、ベルギーの柔軟性、いずれにしても、それは周りの強国とどのように付き合っていくかを、多くの血を流しながら学んだ結果の知恵だろう。

もしも文明を成立し進化させる要件が、異なる文化が混ざり合い、押し合いへし合いすることにあるのなら、私たちの進まなければならない道は明らかだろう。東アジア文化圏の連帯を、よりいっそう強めるのだ。政治や経済、通貨などのEUのような結合はまだまだ先でも、文化やスポーツ、医療や学術などについて徹底した連帯を図って、文化の違いを認識し文明を共有する。

ドイツがEUの中核をなし、ユーロを堅持しようとするのは、単なる贖罪《しょくざい》ではない。そうしない限り、欧州の中のドイツというアイデンティティを保たない限り、またこの国は、自国を滅亡の寸前に追い込んでしまうからだ。

東アジアの状況は欧州よりも複雑だが、それでもやはり、中国を孤立させず、日韓が下り坂を確かな足取りで下り、北朝鮮の体制の崩壊を待ち（あるいはそれを促し）、その受け皿をしっかりと作っていく。日本が日本固有の文化を守り、アメリカの属国にならず、中国の植民地にもならない道は、おそらくここにしかないと私は思う。

## 安倍政権とは何か

さて、そろそろ安倍政権の話をしよう。

第二次安倍政権が、外見上、見事なスタートダッシュに成功したのには、主に二つの要因が挙げられる。一つはアベノミクスが、少なくとも表面的には成功して、株価と大企業の収益が上がったこと。もう一点は、ナショナリズム的な傾向を強めることで、自信を失っていた日本人に、なにがしかの希望のような幻想を抱かせたこと。もちろん、この二つは表裏一体となっていて、経済の一時的な回復が、「夢よ、もう一度」という気持ちを、多くの国民に抱かせることに成功したとも言える。

ナチスドイツにおけるユダヤ人迫害に象徴されるように、ファシズムは、特定の敵を作ることで強化される。卑近な例で言えば、橋下徹前大阪市長の手法が、まさにそれであった。はじめは公務員叩き。それと並行するように東京を仮想敵として、どんな批判にも「ほら、大阪の現実を知らない東京の学者がいろいろ言っていますよ」というスタンスをとり続けた。関西ローカルの番組を中心に、「タイガースは優勝しなくてもいいから巨人には負けるな」という大阪気質をうまく利用し、それを周囲のタレントたちが持ち上げることで高い支持率を維持し続けた。しかし、国政進出にあたって、新たな仮想敵を作ろうとしていきり立ち、勇み足をしてしまったのが、あの「慰安婦発言」の本質だろう。ファシズムは、常に外に敵を作り続けなければならないが故に、いつしか必ず限界が訪れる。

安倍内閣もまた、中韓を外敵とするイメージ作りが高い支持率の一因となってきたことは間違いない。ただ、国民は基本的には中道路線を望んでいるから、ここにもまた限界がある。実際には、嫌韓・嫌中本も一時ほどには売れなくなってきたようだし、ヘイトスピーチも、その問題の深刻さに変わりはないが、かつてほどの力は持たなくなった。日本国民にも、まだ、行き過ぎたナショナリズムを修正するだけの自浄作用はあるという証左だろう。

すでに「外敵」カードは、有効性を失いつつある。ではなぜ安倍内閣は、国民から評判の悪い国家主義的な政策を、次々に推し進めようとするのだろう。とりあえず表面上だけでも経済が順調なのだから（相当に陰りは見えているが）、経済政策だけに力を入れていればいいではないかと、これは、財界を中心とした多くの安倍支持者も思っていることだろう。

## 二つの誤謬

安倍首相とその周辺の人々には、おそらく二つの誤謬《ごびゅう》がある。

一つは、日本が文明を輸出できる国だという錯覚。「日本を、再び、世界の中心で輝く国としていく」（二〇一五年年頭所感）という妄想は、これを端的に表している。
日本は、世界の中心で輝くことはない。「再び」とあるが、日本はこれまで、世界の中心で輝いたことなど一度もない。いや、どこの国であっても、世界の中心になど、なってはならない。

もう一つの誤謬は、「絶対負けない」という不敗神話だ。しかし、こちらはもう少し複雑で、屈折しているのかもしれない。第一次安倍内閣は、余りにも悲惨な仕方で瓦解した。安倍首相にとっては、人生最大の屈辱であったろう。そして彼は、見事に政権の座に返り咲いた。過去の挫折が余りに大きかったために、今回、「自分は負けない」「第一次安倍内閣でも実は負けてはいなかった」という妄想に陥っているのではあるまいか。そうとでも考えなければ、国会で首相が質問者にヤジを飛ばすといった児戯を説明することは難しい。

二〇一五年の安保法案の審議の過程を見ても、兵站を「後方支援」と言い換える詭弁、後方支援であるから自衛隊のリスクは高まらないという錯誤、きわめて曖昧な「存立危機事態」について、集団的自衛権を行使するかどうかは政府が判断をするのだから絶対に間違わないという強弁。それらはいずれも、これまで書いてきた日本の特殊な「文化」に由来する。そこにはなんのリアリティ、客観的合理性もない。

ただし、文化は、そこに暮らす者たちにとっては、なんとも居心地のいい「ゆりかご」のようなものである。だから、そのゆりかごを揺すぶっても、中にいる子どもにとっては不快感が募るだけだ。安保法制の議論がかみ合わない理由もここにある。

安倍首相は、日本がアジア唯一の先進国の座から滑り落ちたことを受け入れられない日本人の典型である。典型である以上、一定数の支持を保ち続けることは間違いない。

しかし、いま日本人に必要なのは、その寂しさに耐えることだ。小さなプライドを捨て、私たちはゆりかごから外に出なければならない。安倍政権を攻める側もまた、この文化の構造を理解しなければ、本当の勝利は得られない。

司馬さんは、以下のように書いている。


「右翼」といっても、元からそうした思想があったというわけではありません。大正末年に「左翼」が生まれ、その反作用として「右翼」が生まれたんです。（中略）左翼思想とは、いわば疑似的普遍性をもった信仰であって、国家や民族を超えてこの疑似的普遍性に奉仕せよということでしょう。日本の左翼はその成立の瞬間から日本史をとらえる点でリアリズムを失っていました。そうすると、左翼の反作用として出てきた右翼も同時にリアリズムを失っています。二十世紀のソ連崩壊までの間、我々を非常に惑わしたのはこの左右のイデオロギーでした。明治の漱石や子規たちが幸いにして知らずにすんだ思想的行動形態でした。（中略）

ともかくも右翼にしても左翼にしても、かんじんの自国認識という点ではネジ切りが粗くて、フタと現実があわないものでした。

（「日本人の二十世紀」『この国のかたち　四』文春文庫）

# 終章　寛容と包摂の社会へ

## 『坂の上の雲』

繰り返し読むにつけ、『坂の上の雲』は不可思議な小説だ。この小説について、関川夏央さんは、たとえば以下のように記している。

小説としての完成度は低い。むしろ、あえて「文学」にならないようなやり方を選んでいる。

（『「坂の上の雲」と日本人』関川夏央・文春文庫）

司馬遼太郎さんご自身も、それに近いことを何度か書いている。重要な主人公三名のうち、後世、最も名を残した正岡子規は、文庫本第三巻の冒頭で死去し、そのあと物語に顔を出すことはない。あとは延々と日露戦争の戦場の描写が続く、前半と後半で、あきらかに物語としてのバランスを欠いた構成になっている。

いったい司馬さんは、この長編小説で、何を描きたかったのだろう。ヒントは、司馬さんが残した『坂の上の雲』を巡る周辺の文章にある。

子規は言っています。

「写生というものは、江戸時代にはなかった。写生とは、物をありのままに見ることである。われわれは物をありのままに見ることが、きわめて少ない民族だ。だから日本はだめなんだ」

身を震わすような革命の精神で思った言葉が写生なのです。ありのままに物を見れば、必ず具合の悪いことも起きる。怖いことですね。だから観念のほうが先にいく。

（「松山の子規、東京の漱石」『司馬遼太郎全講演　第一巻』朝日新聞社）

他の文章では、司馬さんは以下のようにも書いている。

明治維新は幕末の夜郎自大的な〝尊皇攘夷〟の終焉でありました。同時に開国という、ときに卑屈なほどのリアリズムの開幕でもありました。そういう現実の中にあって、十九世紀後半の明治人は、どの時代の日本人よりも現実的でした。（中略）

この戦争を境にして、日本人は十九世紀後半に自家製で身につけたリアリズムを失ってしまったのではないかという気がしないでもありません。

（「日本人の二十世紀」『この国のかたち　四』 文春文庫）

日露戦争の指導原理そのものが、児玉源太郎の開戦直前のことばにあるように、

「勝敗はやっと五分々々である。それを、戦略戦術に苦心してなんとか六分四分にもってゆきたい」

という、いわば勝つよりも負けないように持ってゆくということが、全軍の作戦思想をつらぬいている原則のようなものであった。

（『坂の上の雲　五』文春文庫）

要するにロシアはみずからに敗けたところが多く、日本はそのすぐれた計画性と敵軍のそのような事情のためにきわどい勝利をひろいつづけたというのが、日露戦争であろう。

戦後の日本は、この冷厳な相対関係を国民に教えようとせず、国民もそれを知ろうとはしなかった。むしろ勝利を絶対化し、日本軍の神秘的強さを信仰するようになり、その部分において民族的に痴呆化した。日露戦争を境として日本人の国民的理性が大きく後退して狂躁の昭和期に入る。やがて国家と国民が狂いだして太平洋戦争をやって

のけて敗北するのは、日露戦争後わずか四十年のちのことである。敗戦が国民に理性をあたえ、勝利が国民を狂気にするとすれば、長い民族の歴史からみれば、戦争の勝敗などというものはまことに不可思議なものである。

（『坂の上の雲　八』あとがき二、文春文庫）

日本国の通弊というのは、為政者が手の内——とくに弱点——を国民に明かす修辞というか、さらにいえば勇気に乏しいことですね。この傾向は、ずっとのちまでつづきます。日露戦争の終末期にも、日本は紙一重で負ける、という手の内は、政府は明かしませんでした。明かせばロシアを利する、と考えたのでしょう。（中略）

たとえば第一次大戦で、陸軍の輸送用の車輛や戦車などの兵器、また軍艦が石油で動くようになりました。石油を他から輸入するしかない大正時代の日本は、正直に手の内を明かして、列強なみの陸海軍はもてない、他から侵入をうけた場合のみの戦力にきりかえる。そう言うべきなのに、おくびにも洩らさず、昭和になって、軍備上の根底的な弱点を押しかくして、かえって軍部を中心にファナティシズムをはびこらせました。不正直というのは、国をほろぼすほどの力があるのです。

さきに、第一次大戦によって陸海軍が石油で動くようになってから、日本の陸海軍そのものが半ば以上虚構になった、という意味のことを言いました。（中略）

それで、日本は戦争構想を樹てる。何よりも石油です。勝つための作戦よりも、まず一路走って石油の産地をおさえる。古今、こういう戦争があったでしょうか。（中略）

南方進出作戦——大東亜戦争の作戦構想——の真の目的は、戦争継続のために不可欠な石油を得るためでした。蘭領インドネシアのボルネオやスマトラなどの油田をおさえることにありました。

その油田地帯にコンパスの心《しん》をすえて円をえがけば、広大な作戦圏になる。たとえばフィリピンにはアメリカの要塞があるから、産油地を守るためにそこを攻撃する。むろん、英国の軍港のシンガポールも。またその周辺にあるニューギニアやジャワもおさえねばならず、サイパンにも兵隊を送る。

それらを総称して、大東亜共栄圏ととなえました。日本史上、ただ一度だけ打ち上げた世界構想でした。多分に幻想であるだけに——リアリズムが稀薄なだけに——華麗でもあり、人を酔わせるものがありました。

（以上、いずれも「日本人の二十世紀」『この国のかたち　四』文春文庫）

## 四国のリアリズム

ここで、一つの仮説として、「四国のリアリズム」ということを考えてみる。

まことに小さな国の、その主要な四つの島の中でも最も小さい四国という島の住人は、その島内で暮らすあいだは温厚、実直で人と競うことをあまり好まない。しかし、それが何かの外圧にさらされると、あるいは橋が架かるといったような何かの事情で島の外に出なければならなくなると、不思議な能力を発揮し、幾人か、日本史上に特異な人材を輩出してきた。

『坂の上の雲』の主人公、正岡子規と秋山兄弟は、その典型だろう。

他に、弘法大師空海は別格としても、たとえば平賀源内（讃岐）、たとえば坂本龍馬（土佐）、あるいはその系譜に連なる中江兆民、幸徳秋水（いずれも土佐）。

この人々に共通するのは、その生きた時代にあっては、いささか奇人と見られながら、実は一種科学的な、あるいは経済的なリアリズムを持っていたという点だろう。空海や平賀源内は、すぐれて科学の人であったし、龍馬は幕末の志士の中で、ほとんど唯一、そろばん勘定のできる男だった。

もう一つの共通項は、こちらの方が四国の産という要因が色濃いのだろうが、何か天性の大らかさ、朗らかさ、ユーモアがある点だ。司馬さんは、子規について以下のように書いている。

客観的にはこれほど不幸な材料を多く背負いこんだ男もすくなかったろうが、しかしこの男の楽天主義は自分を不幸であるとはどうしても思えないようであった。明治というこのオプティミズムの時代にもっとも適合した資質をもっていたのは子規であったかもしれない。

（『坂の上の雲　八』　あとがき五）

議論の奥行きを深めるために、話の振り幅を大きく広げるなら、ここに一遍上人（伊予）を入れてもいいし、あるいは讃岐で産湯を使っただけではあるが大杉栄を加えてもいい。もしくは、三木武夫（阿波）、大平正芳（讃岐）といった、かつて自由民主党にも存在したリベラル勢力の政治家たちさえも、この系譜であるのかもしれない。

『坂の上の雲』に幾度か名前の出る水野広徳も伊予・松山の産。秋山兄弟の親戚にあたる。旅順港封鎖作戦、日本海海戦を秋山真之と共に戦った彼は、大正期には平和主義者に転じ、海軍大佐の職を辞したあと、昭和五年には未来戦記『海と空』を著して、空襲に襲われる東京の惨状をリアルに描いた。

しかし、軍事小説も、この時期あたりからSFの度合いが強くなり、「怪力線」だの「空飛ぶ戦艦」だのが現れて、神国日本が勝利する物語が俄然多くなる。

昭和七年、当時の軍事小説のベストセラー作家平田晋策は、文藝春秋社が開催した「上海事件と世界大戦座談会」に出席し、軍人たちでさえ慎重な発言をする中で一人、「非常時に非常時の覚悟をしておけばよい」「経済断交は怖くない」「日本の技術家がほんとうに奮励して、よいものを造っておれば、数において劣っても、かなりよい戦がやれるのじゃないか」と、日米開戦について脳天気な主張を繰り返した（『黒船の世紀』猪瀬直樹・小学館）。

平田晋策は、四国の対岸、播州赤穂の産。私の大叔父である。

## 人口減少問題の本質とは何か

長い下り坂を幾たびも曲がりながら、ここまで来た。予想されたとおり、新書にするにはあまりに雑多な要素を盛り込みすぎてしまった。しかし、私が本当に書きたかったことは、さほど多くはない。

おそらく、いまの日本と日本人にとって、もっとも大事なことは、「卑屈なほどのリアリズム」をもって現実を認識し、ここから長く続く後退戦を「勝てないまでも負けない」ようにもっていくことだろう。

実際に、もがき苦しみながらも改革に取り組み、希望が見え始めている自治体はいずれも、現実を見据え、短期的、場当たり的な対策ではなく、確かな理念をもった長期的な取り組みを行っている所ばかりだ。それは、一見奇策に見えながら、「ここでいいのだ」という自己肯定感を伴った、実は堅実な街作りである。

二〇一四年末から安倍内閣肝いりの地方創生事業が始まり、全国各地の自治体では、またもお定まりの狂騒曲が繰り広げられてきた。私自身は、安倍内閣の施策だからすべてが悪いと言うつもりはない。実際に、真の地方創生に資する、地道で息の長い取り組みを続けている地方自治体もたくさんある。だが、やはり懸念もいくつか残る。

・もともと「アベノミクス」というのは、残り少ない日本の人的・物的資本を、東京に代表される競争力のある部分に一極集中させ、長引く不況・デフレをとにかく克服しようという施策だったはずだ。その賛否はともかくとして、いまだ道半ばの現時点で、このような戦力分散型の政策が成功するのか？

・竹下内閣の「ふるさと創生事業」のような、いわゆる「バラマキ」にならない保証はどこにあるのか。政府が「バラマキにはしない」としゃかりきになって言ったとしても、その実行をどこが担保できるのか。

心配の種は尽きないし、実際に地方自治体から出てきたアイデアを見ると、特典付き商品券など十年一日といった感があり、先行きが思いやられる。

ＮＨＫの報道では（二〇一四年九月「『地方創生』各地あの手この手」）、他のアイデアとして「結婚を取り持った仲人に五万円の報奨金をプレゼント」「同窓会の費用を助成」「四十歳以下の移住者にポイントカードを配付」といった取り組みが紹介されている。どれも、申し訳ないが、あまりセンスがいいとは言えない、まさに場当たり的な施策である。

まち・ひと・しごと創生本部のホームページには、その設置の意義が以下のように記されている。

人口急減・超高齢化という我が国が直面する大きな課題に対し政府一体となって取り組み、各地域がそれぞれの特徴を活かした自律的で持続的な社会を創生できるよう、まち・ひと・しごと創生本部を設置しました。

志は素晴らしい。では、どこに問題があるのか。

今回の地方創生の最大の課題は、人口減少対策である。人口減少に歯止めをかけるための施策を競わせて、いいアイデアのある自治体には手厚く補助金を出すというのが、地方創生事業の実質だ。だが、この問題を考えるときに留意しなければならないのは、少子化、人口減少対策は、大都市圏と地方では、まったく異なる様相を持っている点だ。

大都市圏では、「ワーク・ライフ・バランス」が叫ばれる。

女性が社会進出を果たしても、きちんと子育てがしやすい環境を作る。男性も育児に参加する。子育てとは直接関係ない場面でも、残業を減らし、有給休暇を取得しやすくして、仕事とそれ以外の人生のバランスを見直していく。

それらはとても大切なことだ。私自身、働く女性が「職業婦人」と呼ばれていた時代に、当時、都内唯一のゼロ歳児保育を受け入れる保育所に預けられた第一世代であるから、その切実さは身にしみて分かる。だがおそらくそれだけでは、少子化問題は解決しない。

たとえば、大都市圏における子育ての困難さを示す象徴である待機児童問題を見てみよう。二〇一四年一〇月時点での待機児童の数（二〇一五年三月発表）は、全国で四万三一八四人。その内訳は、

・東京　一万二四四七人
・政令指定都市の合計　六九四六人（ちなみに、二〇の政令指定都市のうち、二自治体は待機児童なし）
・中核市の合計　五五九二人（四三の中核市のうち、一二自治体は待機児童なし）
・埼玉、神奈川、千葉、大阪、兵庫の一府四県の合計（右記政令指定都市、中核市の数字を除く）　七四八三人

この合計が三万二四六八人。全体の約七五％を占めている。すなわち待機児童問題は、大都市圏の自治体、その数からのみ言えば、極めて少数の自治体が抱える問題なのだ。

待機児童が一〇〇人以上いる自治体は、東京の特別区を勘定に入れても八九市・区である。この八九の自治体に、二万六四三五人の待機児童が集中している。五〇人以上の待機児童がいる自治体に対象を広げると、九七の自治体が該当する。ここに二万七〇二五人の待機児童がいる。要するに一〇〇たらずの自治体に、全国の六割以上の待機児童が集中している。

おそらく待機児童問題が常態化している自治体は、全国一七四二の市区町村のうち、多く見積もっても二〇〇あまりに過ぎないのだろう。他の一五〇〇の自治体は逆に、幼稚園、保育園も定数に満たず、子どもが欲しくてたまらない地域なのだ。

アベノミクスのような資本集約型の構造改革を続ける限り、この問題は解決されない。いや、極端な市場原理主義、新自由主義者は、この問題さえも過渡期の事柄であって、経済が好転すれば税収が上がり、大都市圏での子育て環境の整備が進むと強弁を張るかもしれない。だが、私はそれは無理だと思う。出産、育児といった人類にとって神聖な事柄は、経済合理性だけでは決まっていかないからだ。政府がどれほど未来での問題解決を謳ったところで、人々は、将来に不安のある環境では子どもを産まないし育てない。

「待機児童問題」に象徴される「ワーク・ライフ・バランス」のための様々な施策は、大都市圏のみが抱えている問題だ。地方には、まだまだ子どもを受け入れる余力があり、土壌がある。

地方における少子化問題の本質は、「ワーク・ライフ・バランス」ではなく、「非婚化・晩婚化」だ。豊岡市の調査でも、結婚した世帯の「出産率」は以前とあまり変わっていない。特に、二〇代で結婚した世帯は、以前と変わらず、二、三人の子どもを産んでいる。

これは、全国を回っている私の実感とも合致する。私はよく小学生とのワークショップで「自分も含めた兄弟の数ごとに集まる」というゲームを行う。東京の都心部などでは、一人っ子の割合が増えているが、地方では、まだまだ二人、三人兄弟の家庭が多い。

地方では、結婚さえできれば、まだまだ子どもを産んでくれるのだ。しかし、この問題について、霞が関は切実さを持っては捉えていないのではないかと思う。

## 偶然の出会いがない

地方の抱える問題は非婚化・晩婚化であり、「偶然の出会いがない」という点は序章でも触れた。偶然の出会いの場をことごとくつぶしておいて、人口減少をなげくのはナンセンスだ。

問題の本質を、もう少しきちんと図式化するなら、以下のようになる。

・地方都市には、出会い、とりわけ偶然の出会いがない。また、人口一〇万人程度の都市だと、高校の数も限られ、高校進学時点で偏差値で輪切りにされた人々は、その時点で人生の方向が決められたかのような気になってしまう。

・一部の若者はいわゆるマイルドヤンキー化し（私自身はこの言葉遣いには慎重になりたいが）、そのことに耐えられない一部の若者は、偶然の出会い（という幻想）を求めて大都市へと向かう。実際問題として、大学のない都市では、進学を理由に一定数の若者たちは、いったんはふるさとを離れなければならない。

・しかしながら、文化資本が脆弱な地方の若者たちには、都会に出ても「偶然の出会い」の機会は少ない。また、たとえそれが叶い結婚できたとしても、都市部においては、出産、子育ての環境は劣化の一途をたどっており、多くの子どもを産み、育てることはできない。

要するに、若者たちを地方に回帰させ、そこに「偶然の出会い」を創出していくしか、人口減少問題を根本的に解決する方策はないのだ。

しかし、私が調べた範囲では、反アベノミクス色の強い論文でも、その方策については、以下のような記述にとどまっている。


地方は、何より環境が良い。地域のつながりが良い。食の質が高い。住宅はもちろんレベルが違う。子育てには最高の環境だ。

足りないものは、仕事と学校と病院だ。ここが政策で補助するべき領域である。

（『円高・デフレが日本を救う』小幡績・ディスカヴァー携書）

そして筆者自身も東北で、これまで様々な地域づくりや地域政策に関わってきて、それらがことごとく結果が出ず、いま同じように思う。
どうも物事が好転しないのは私たちのせいではないのではないか。（中略）
リゾートも、グリーンツーリズムも、観光も、ダムも、環境問題も、学校問題も、都市計画も、交通計画もみんな関わって、いつもそう思った。（『地方消滅の罠』山下祐介・ちくま新書）

わざと避けられているのではないかと思うほどに、文化政策についての言及がないのは何故だろう。どうして、「センス」を問題としないのだろう。

夢物語を語っているのではない。欧州の自治体では、文化政策は予算の五%から一〇%を占める重大な施策である。文化による社会包摂や都市再生は、きわめて一般的な政策だ。何故、日本だけが、それをほとんど試すことさえしないのか。

ちなみに、私が見つけられた唯一の例外は（文化政策を専門にする学者を別にすれば）、森永卓郎さんが「日本人は国民全員がアーティストになった方がいい」と、宮沢賢治のようなことを言っている、この一例のみであった。

**何が必要か**

真の地方創生にとって必要な施策を整理してみる。それは、序章で掲げた三つの寂しさと向き合うことと、相似形をなしている。

**一、もはや日本は、工業立国ではない。**

第一次産業、第二次産業を見捨てるということではない。むしろ逆であって、その地域の基幹産業に付加価値をつけて売り出していく。たとえば豊岡市は、柳行李《やなぎごうり》以来の伝統のカバン産業のブランド化に成功して、日本中からカバン職人を目指す若者を集めている。外貨（ここでは外からのお金という意味）を稼げる基幹産業があれば、それに従事する人々やその家族のためのサービス業が、ほぼ同人数、地域には必要とされる。あとは、地域の中で人々が複数の役割をこなし、サービスを提供する側と受ける側を固定化しなければ、お金のやりとり（GDP）は増えなくても、持続可能な経済活動は保証される。

教育の役割も重要だ。「ネジを九〇度曲げなさい」と言われたら素直に九〇度曲げる能力（＝基礎学力）をつけるのが、工業立国の教育だ。しかし第三章でも触れたように、そんな従順で根性のある産業戦士は、中国と東南アジアに、あと一〇億人ほど控えている。それだけでは、工場は次々に海外に移転して行ってしまう。

「ネジを九〇度曲げなさい」と言われても、「六〇度を試してみよう」という発想や勇気、「一八〇度曲げてみました、なぜなら……」と説明できるコミュニケーション能力や表現力の方が、より強く求められる時代が来る。

他の要素もある。序章で私は、「失業者が平日の昼間に劇場や映画館に来てくれたら、ありがとうと言える社会を作るべきだ」と書いた。それは何も情緒的な話をしているのではない。一つには文化を通じた社会包摂によって、人間が孤立化することを防ぎ、最終的に社会全体が負うリスクとコストを低減すること。そして、もう一点、長期的な就労支援の問題がある。

成熟社会が到来すると、大量生産大量消費を前提にした労働集約型の産業構造が崩れていく。産業そのものの流行り廃《すた》りも激しくなり、労働人口は流動化する。企業は、幹部職員以外はできるだけ非正規雇用として、常に適切な人材を、適切な数だけ採用したいと考える。それ故、終身雇用制が崩れるのは、仕方のない側面もある。

北欧の国々では、企業は比較的簡単に社員を解雇できるが、その代わり、失業保険の支給を含めた就労支援も手厚い。デンマークでは最長四年まで、前職の給与の九割の失業手当が支給され、手厚い就労支援のプログラムが受けられる。

雇用は流動的で、生涯に何度か転職する方が一般的なので、一つの職に就いていても、次の職に就くための職業訓練が受けられる。

旧来の日本型の終身雇用と、デンマークの在り方のどちらがいいかは比べにくい。文化の違いもあるだろう。しかし、いまの日本のように、短期間の失業手当と貧弱な就労支援しかないままで、非正規労働者だけが増えていく状態は最悪だ。

もう一点、重要なことは、産業構造の転換のスピードが速くなってくると、人々は、若いときに身につけた知識や技術だけで一生、一つの職に就くということが難しくなってくる。これはとくに製造業に顕著な傾向だ。そこには技術や資格の問題だけでは解決しないマインドの問題が含まれるから。

『フル・モンティ』というイギリス映画がある。鉄工所を解雇された中年男たちが、様々な理由から一攫千金を目指して男性ストリップを企画し、逡巡しながら自ら出演もするという物語だ。製造業従事者がサービス業に就くことは、服を脱ぎ捨てるほどに恥ずかしいことなのだ。

製造業従事者の再就職が難しいのは、コミュニケーション能力の問題が大きな比重を占めている。彼らはおしなべて、「自己アピールができない」と言われる。しかし、日本の中高年の男性は、幼少期、男親から「男は自慢話などするものじゃない」と教え育てられてきているのだ。今さら、そのメンタリティを変えるのは至難の業だ。

就労支援の在り方自体を変えなければならない。たとえばまず最初は、コンサートに行ったりダンスを踊ったり、あるいは演劇のワークショップに参加したりというところから始める。少しずつでもセンスを磨き、次には人を楽しませることの喜びを感じ、その上で自分に合いそうな職業を見つけて、そのための技術を習得する。実際に、北欧の国々の就労支援には、農作業体験やボランティアなどの多岐にわたるプログラムが用意されている。これもまた、広い意味での「脱工業立国」のプログラムだ。

## 二、もはや日本は、成長社会ではない。

大きな経済成長や人口増加を前提としない。その厳しい状況をしっかりと受け止め、「勝てなくても負けない」街作りを指向する。

しかし、それをネガティブに捉えずに、大らかさと朗らかさを忘れず、知恵と勇気を持って状況に立ち向かう。

総力戦で、人口減少をできる限り食い止め、その間に持続可能な社会の実現を目指す。

具体的には、まず外貨の稼げる基幹産業に注力する。そこで稼いだお金は、それが地域の中で回っていくように大事に使う。農産品だけではなく、ソフトの地産地消を心がける。

従来からお金がかかってきた部分は、低成長を前提に体質改善を目指す。循環型エネルギーの導入。医療や介護は、無理のない範囲で相互扶助を増やす。教育も同様に地域の資源を生かす。ただし、この部分は未来への投資でもあるので、出し惜しみをしてはいけない。豊岡市が、高校生の短期留学支援を計画しているように、必要な部分には手厚い支援を行う。

こうして、少しずつ地域の体力をつけ（あるいは恢復し）、その間に、身の丈に合った形で海外からの移住受け入れも進めていく。それに伴った異文化コミュニケーション教育も必須となるだろう。

**三、もはやこの国は、アジア唯一の先進国ではない。**

前掲したように、外国人、とりわけアジアの方々を、単純労働者ではなく、一市民としてきちんと受け入れる。偏見や差別のないリベラルな街を作る。

リベラルで風通しのいい街は、国内のＪターン者やＩターン者にとっても居心地がいい街だ。

子育てがしやすい街とは、社会的弱者に優しい街のはずなのだ。

バリアフリーはもちろんのこと、人口減少対策からはもっとも迂遠に見えるかもしれないが、性的少数者の支援、権利の保護なども重要な施策となる。「ボヘミアン－ゲイ指数」という研究がある。芸術家や同性愛者の多い地域は、文化的な参入障壁が低いとされている。それゆえ、人種や民族などの垣根を超えて、さまざまな才能や人的資本を引きつけることになる。

## 亡びない日本

日本のヘイトスピーチの特徴は、「在日特権を許さない市民の会」という名称に象徴されるように、どこかに隠された特権があり、それを糾弾するという体裁を取っている点にある（この点、前記したように、橋下徹氏の政治手法も似たような部分が多い）。この運動に参加している人々は、人種差別的な発言を繰り返すことで、単に彼らの屈折や鬱憤を解消した気になっているだけなのだが、隠れた特権の糾弾という衣装を纏うことで、あたかも自分たちが社会的正義を担っているかのように錯覚し陶酔している。

いま、日本社会全体が、「自分以外の誰かがうまい汁を吸っている」と疑心暗鬼になり、妬《ねた》みや嫉《そね》みが蔓延する息苦しい社会になっている。

きわめて少数の生活保護不正受給者のために、生活保護制度全体へのバッシングが強くなっている。雇用保険受給や障害者手帳の交付についても、厳しくなったという風聞がある。

私は序章で、「子育て中のお母さんが、昼間に、子どもを預けて芝居や映画を観に行っても、後ろ指をさされない社会を作ること」を目指そうと書いた。逆にこの原稿を校正中の二〇一六年二月、「保育園落ちた、日本死ね」というブログが話題となり、さらに、この問題が国会で取り上げられた際に、「誰が書いたんだよ」「書いた本人を出せ」といった心ないヤジが飛んで波紋を広げた。

失業者が映画を観に行ったり、生活保護世帯の方が演劇を楽しんだりすると後ろ指をさされるような社会と、子育て中のお母さんが芝居を楽しむと後ろ指をさされる社会、そして国会での心ないヤジ、さらにはヘイトスピーチまで、それらは奥の深いところでつながっているように私は思う。この猜疑心にあふれる社会を、寛容と信頼によって再び編み替えない限り日本の未来はない。

雇用の問題も同様だ。

最低賃金の引き上げ、ブラック企業の取り締まり、社会的少数者の権利の保障、やらなければならないことは山ほどにある。しかし、私はその先の社会も夢見たい。

給与が上がらなければ、芝居も映画も観に行けないだろうという人もいる。しかし、異常に高い日本のチケット代は、文化政策の無策が原因で、それを改善すれば、低所得者層でも芸術・文化に触れる社会は明日からでも実現可能だ。

だが、本当に、本当に、大事なことは、たとえば平日の昼間に、どうしても観たい芝居やライブがあれば、職場に申し出て、いつでも気軽に休みが取れるようにすることだ。職場の誰もが、「あいつサボっている」などと感じずに、「なんだ、そんなことか、早く言ってくれよ。その仕事なら俺がやっておくよ。舞台を楽しんできな」と言い合える職場を作ることだ。

それが、私が考えるコミュニケーションデザインであり、コミュニティデザインだ。そのためのコミュニケーション教育だ。

競争と排除の論理から抜け出し、寛容と包摂の社会へ。道のりは長く厳しいが、私はこれ以外に、この下り坂を、ゆっくりと下っていく方法はないと思う。


**日露戦争が終わったあと、明治四十一年に、夏目漱石が『三四郎』を書きます。ご**

承知のように、この小説は、三四郎が大学生になるために熊本から東京へ出て行く姿を描いている。明治国家建設の中核的な機関だった東京帝国大学に入学し、晴れて上京し、そこで広田先生に出会う。

車中、この神主のような広田先生に出会う。三四郎がなにげなく「日本はどうなるんでしょうか」と訊くと、先生は「亡びるね」と答える。この台詞が日露戦争のあとの明治四十年の日本像をよく言いあらわしています。（中略）

しかし人々の意識は、戦争に勝って一流の国になったつもりでいる、この意識が、どの国にもない滑稽さだと漱石は思っている。そういう諸相が全て集約されて、広田先生の「亡びるね」という台詞になる。それから太平洋戦争の敗戦までわずか三十有余年です。広田先生がいったとおりに、亡びたんです。国家といっても、はかないものですね。

（「日本人の二十世紀」『この国のかたち　四』文春文庫）

私は本書を書き始める際、冒頭、

「まことに小さな国が、滅びの時をむかえようとしている」

としようかと考えていた。しかし、気を取り直して、それを「衰退期」と書き換えた。

希望を持ちたいと思った。いや、六尺の病牀《びょうしょう》から死の間際まで俳句、短歌の革新に向かって闘った子規を思えば、絶望などしている暇はないだろうと反省をした。

子規が見た、あるいは秋山兄弟の見た坂の上の雲は、あくまで澄み切った抜けるような青空にぽかりと白く浮かんでいたことだろう。

しかし、そろそろと下る坂道から見た夕焼け雲も、他の味わいがきっとある。夕暮れの寂しさに歯を食いしばりながら、「明日は晴れか」と小さく呟き、今日も、この坂を下りていこう。

講談社現代新書　2363

# 下《くだ》り坂《ざか》をそろそろと下《くだ》る

二〇一六年四月二〇日第一刷発行　二〇一六年四月二七日第二刷発行

著者　平田《ひら た》オリザ
© Oriza Hirata 2016

発行者　鈴木　哲
発行所　株式会社講談社
東京都文京区音羽二丁目一二―二一　郵便番号一一二―八〇〇一
電話　〇三―五三九五―三五二一　編集（現代新書）
〇三―五三九五―四四一五　販売
〇三―五三九五―三六一五　業務
装幀者　中島英樹
印刷所　凸版印刷株式会社
製本所　株式会社大進堂
定価はカバーに表示してあります　Printed in Japan

本書のコピー、スキャン、デジタル化等の無断複製は著作権法上での例外を除き禁じられています。本書を代行業者等の第三者に依頼してスキャンやデジタル化することは、たとえ個人や家庭内の利用でも著作権法違反です。Ⓡ〈日本複製権センター委託出版物〉

複写を希望される場合は、日本複製権センター（電話〇三―三四〇一―二三八二）にご連絡ください。

落丁本・乱丁本は購入書店名を明記のうえ、小社業務あてにお送りください。

送料小社負担にてお取り替えいたします。

なお、この本についてのお問い合わせは、「現代新書」あてにお願いいたします。

N.D.C. 914　238p　18cm
ISBN978-4-06-288363-4

## 「講談社現代新書」の刊行にあたって

教養は万人が身をもって養い創造すべきものであって、一部の専門家の占有物として、ただ一方的に人々の手もとに配布され伝達されうるものではありません。

しかし、不幸にしてわが国の現状では、教養の重要な養いとなるべき書物は、ほとんど講壇からの天下りや単なる解説に終始し、知識技術を真剣に希求する青少年・学生・一般民衆の根本的な疑問や興味は、けっして十分に答えられ、解きほぐされ、手引きされることがありません。万人の内奥から発した真正の教養への芽ばえが、こうして放置され、むなしく滅びさる運命にゆだねられているのです。

このことは、中・高校だけで教育をおわる人々の成長をはばんでいるだけでなく、大学に進んだり、インテリと目されたりする人々の精神力の健康さえもむしばみ、わが国の文化の実質をまことに脆弱なものにしています。単なる博識以上の根強い思索力・判断力、および確かな技術にささえられた教養を必要とする日本の将来にとって、これは真剣に憂慮されなければならない事態であるといわなければなりません。

わたしたちの「講談社現代新書」は、この事態の克服を意図して計画されたものです。これによってわたしたちは、講壇からの天下りでもなく、単なる解説書でもない、もっぱら万人の魂に生ずる初発的かつ根本的な問題をとらえ、掘り起こし、手引きし、しかも最新の知識への展望を万人に確立させる書物を、新しく世の中に送り出したいと念願しています。

わたしたちは、創業以来民衆を対象とする啓蒙の仕事に専心してきた講談社にとって、これこそもっともふさわしい課題であり、伝統ある出版社としての義務でもあると考えているのです。

一九六四年四月　野間省一